"十四五"国家重点图书
国家重大出版工程

中国国家人文地理

宁夏 石嘴山

《中国国家人文地理》编委会 编

国家出版基金项目
NATIONAL PUBLICATION FOUNDATION

中国地图出版社·北京

图书在版编目（CIP）数据

石嘴山 /《中国国家人文地理》编委会编. -- 北京：中国地图出版社，2024.1（2024.10 重印）
（中国国家人文地理）
ISBN 978-7-5204-3675-5

Ⅰ．①石… Ⅱ．①中… Ⅲ．①石嘴山－概况 Ⅳ．① K924.33

中国国家版本馆 CIP 数据核字 (2023) 第 229416 号

石嘴山（中国国家人文地理）
SHIZUISHAN（ZHONGGUO GUOJIA RENWEN DILI）

出版发行	中国地图出版社			
社　　址	北京市白纸坊西街3号	邮政编码	100054	
电　　话	010-83543926	网　址	www.sinomaps.com	
印　　刷	河北环京美印刷有限公司	经　销	新华书店	
成品规格	185mm×250mm	印　张	16.5	
字　　数	256千字			
版　　次	2024年1月第1版	印　次	2024年10月第2次印刷	
定　　价	158.00元			
书　　号	ISBN 978-7-5204-3675-5			
审 图 号	GS京（2023）0590号			

如有印装质量问题，请与我社发行部联系

中国国家人文地理

《中国国家人文地理》编辑委员会

总 顾 问：**孙家正** 第十一届全国政协副主席

顾　　问：**吴良镛** 中国科学院院士、中国工程院院士
　　　　　柳斌杰 第十二届全国人大教科文卫委员会主任委员
　　　　　王家耀 中国工程院院士
　　　　　陆大道 中国科学院院士
　　　　　单霁翔 故宫博物院原院长
　　　　　潘公凯 中央美术学院教授、著名艺术家
　　　　　唐晓峰 北京大学教授

主　　任：**王广华** 自然资源部部长

副 主 任：**王春峰** 自然资源部原党组成员
　　　　　范恒山 国家发展改革委原副秘书长

执行主任：**王宝民** 中国地图出版集团董事长
　　　　　温宗勇 北京城市学院副校长

委　　员（按姓氏笔画排序）：
　　　　　吕敬人 清华大学教授
　　　　　华林甫 中国人民大学教授
　　　　　李永春 自然资源部地理信息管理司司长
　　　　　李瑞英 中央广播电视总台电视播音指导
　　　　　宋超智 中国测绘学会理事长
　　　　　张拥军 中央网信办网络综合治理局局长
　　　　　陈胜利 文化和旅游部中国数字文化集团总编辑
　　　　　陈洪宛 国家发展改革委财政金融和信用建设司司长
　　　　　陈德彧 民政部区划地名司副司长
　　　　　武文忠 自然资源部总规划师
　　　　　武廷海 清华大学教授
　　　　　周尚意 北京师范大学教授
　　　　　凌　江 生态环境部综合司督察专员
　　　　　黄贤金 南京大学教授
　　　　　鲁西奇 复旦大学教授

《中国国家人文地理》宁夏回族自治区编纂指导委员会

主　　任：周庆华　宁夏回族自治区党委宣传部常务副部长

副 主 任：常晋宏　宁夏回族自治区自然资源厅党组书记、厅长
　　　　　蔡　菊　宁夏回族自治区党委宣传部副部长、文化和旅游厅党组书记、厅长
　　　　　马英俊　宁夏回族自治区党委宣传部副部长、新闻出版局（版权局）局长
　　　　　马文锋　宁夏社会科学院党组副书记、院长

委　　员：雍建华　银川市委常委、秘书长、宣传部部长
　　　　　王正儒　石嘴山市委常委、宣传部部长
　　　　　高建博　吴忠市委常委、宣传部部长
　　　　　褚一阳　固原市委常委、宣传部部长
　　　　　高　鹏　中卫市委常委、宣传部部长

《中国国家人文地理·石嘴山》编辑委员会

主　　编：王正儒

编　　委：景　军　侯尚文　贾增军　李金泉　郑　华
　　　　　黑德明　何秉海　周福祯　杨旭日　赵万志
　　　　　马建林　郑建军　李　斌　黄志强　刘兆明
　　　　　魏国升　陈小平　马铁军　张惠忠　寇学文
　　　　　杨立功　黄　宁　王彦锋　连丽娜　杨　侃
　　　　　廖　周　葛建华

编　　撰：陈金顺　郭振忠　黎　静　梁江胜　马灯军
　　　　　李世业　杨　洁　吴　颖　蔺　琳　王　玮
　　　　　王　平　杨开皓　刘颖梅　赵媛媛　马宝妮

《中国国家人文地理》编辑部

主　　任：陈　平　徐根才
执行主任：陈　宇　卜庆华
编　　辑：方　芳　赵　迪　苏文师　张　娴
　　　　　高红玉　周秀芳　周怡君　孙　竹
　　　　　张宏年　董　明　甄艺津

《中国国家人文地理》战略合作：
　　北京市测绘设计研究院

目 录

1 总序
3 序
6 石嘴山名片
  6 山河风骨
  8 五湖四海
  10 工业摇篮
  12 文明之城

001 石嘴山概况
  002 地理位置
  002 行政区划
  004 地形地貌
  006 气候
  007 人口
  008 经济
  014 交通
  016 文化旅游
  018 资源
  024 社会事业

029　历史印记

　　032　画石之山

　　034　宁北锁钥

　　042　党项筑建省嵬城

　　046　平罗往事

　　052　隐没的宝丰城池

　　054　市口石嘴子

057　峥嵘岁月

　　058　顺南革命政府

　　060　军民抗战

　　062　宁北地区党组织

　　064　革命英烈

069　转型之路

　　070　从传统产业到科技创新

　　076　新兴产业增添发展新动能

　　082　从建设"西大滩"到乡村振兴

089　文物古迹

　　090　边墙晚照

　　096　古刹武当

　　100　玉皇高阁

　　102　钟鼓遗音

104　田州古塔

106　古桥神韵

111　山水交织

112　"父亲山"——贺兰山

120　"母亲河"——黄河

126　灵韵湖城

142　华夏奇石山

148　公园城市

158　贺兰山谷

166　塞上乡愁

174　休闲农业

179　民俗风物

180　撷英集萃

190　物阜民丰

197　发展成就

198　综合实力稳提升

200　生态环境换新颜

202　改革开放快步伐

204　民生福祉节节高

207　民主法治绘新卷

208　贺兰山下"石榴红"

211 城市蓝图

212 加快建设产业转型示范市

236 附录

总 序

《周易》曰："观乎人文，以化成天下""仰以观于天文，俯以察于地理，是故知幽明之故"。察地理、观人文，体现的是中华民族对自然环境和社会人文的关注，是道法自然与教化天下的情怀。

中华民族有5000多年连绵不断的文明史，而承载中国历史文化的地理空间是广袤复杂的。在一个辽阔的地域上，由于地理环境、人群构成、社会历史发展进程的不同，自然、经济、人文、社会等诸方面存在着明显的地域差异，也孕育了不同特质、各具特色的地域景观。

中国是一个统一的多民族国家，中华文化是丰富多彩又浑然一体的文化。一方水土养一方人，一方水土孕育一方文化，一方文化影响一方经济、造就一方社会。不同个性特质、各具鲜明特色的地域文化，不仅是源远流长的中华文化的有机组成部分，也是中华民族的宝贵财富。地域文化的发展既是地域经济社会发展不可忽视的重要组成部分，又是地方经济社会发展的窗口和品牌，已成为增强地域经济竞争能力和推动社会快速发展的重要力量。

这套《中国国家人文地理》丛书，以地级行政区域为地理单位，从时间和空间两个维度，以历史为线索，以地理为载体，权威、立体、详细地展现地域的历史文化、人文资源、地理国情、生态环境以及经济社会发展，并归纳提炼出特色地域文化，打造城市名片，可以称得上是一部区域的"百科全书"，对提升城市软实力，扩大对外影响力，助推地方经济和社会发展具有重要意义。其实，这套丛书的意义远远超出地理区域，它展示和讲述的虽然只是一个个具体的局部，但它为人们提供了一个个不同的视角、一个个不同的出发地，让人们多角度地去认识一个多元一体化的伟大国度，从而生动具体地领略它的包容博大、多姿多彩、生机勃勃。正因为如此，这套丛书绝非地域推介的集成，而是一套从个性出发，了解我们国家全貌、民族完整历史的教科书。丛书将文字、图片、地图、信息图表相融合的设计，为传统的图书注入了新的视觉体验，以雅俗共赏的方式将中华文化和各地人文地理的精华呈现给社会大众，为读者带来了一份精彩的文化大餐。

这套丛书从策划到执行，都得到了中央、国家有关部委和地方各级政府的大力支持，并已列入"十三五""十四五"时期国家重点出版物出版专项规划和国家重大出版工程，这体现了国家对它的认可和重视。丛书的出版，必将充分发挥出版记录历史、传承文明、宣传真理、普及科学、资政育人的功能，为弘扬中华优秀传统文化，增强中华文化软实力，扩大中华文化影响力，建设社会主义文化强国作出重要贡献，并为中华文化走出去提供助力。

编撰《中国国家人文地理》丛书是新时代文化领域的一件大事。因此，我欣然为这套丛书作序，并相信全国将会有更多的城市陆续参与到这一大型图书工程中来，共同讲好中国故事，传播好中国声音，凝聚中国力量，建设美丽中国，为中华文化增色添彩。

第十一届全国政协副主席

序

石嘴山市位于宁夏回族自治区北部，得绵延黄河之灵气，挟巍巍贺兰之雄风，是一座山水之城、移民之城、工业之城、文明之城。境内湖泊星罗棋布，是塞上江南的重要组成部分。

数万年来，九曲黄河、岿然贺兰见证了这片土地的沧海桑田，印刻着这座城市的岁月变迁。穿过历史的云烟，我们能够清晰地看见石嘴山的厚重之美。石嘴山历史悠久，石器时代就有人类在这里繁衍生息，历代封建王朝曾在这里统驭管辖，多种文化交流交融，孕育了贺兰山岩画、古长城、北武当寿佛寺、平罗玉皇阁、田州塔等人文古迹，积淀了深厚的历史文化底蕴。

历史的车轮滚滚向前，从国家"一五"时期布局建设的十大煤炭工业基地之一和"三线建设"的重要布局点，到宁夏工业的"摇篮"，再到现在加快建设产业转型示范市，石嘴山各族儿女团结奋斗、开拓创新，书写了一部波澜壮阔、筚路蓝缕的创业史、发展史。60多年来，五湖四海的建设者响应国家号召，云集贺兰山下、黄河之滨，在石嘴山这片热土上艰苦创业、不懈奋斗，创造了一个个可歌可泣的创业奇迹，谱写了一曲曲惊天动地的建设之歌，把这座曾经的塞上边城建设成为一座区域中心城市。特别是党的十八大以来，在习近平新时代中国特色社会主义思想指引下，石嘴山加快推进转型升级和高质量发展，综合实力明显增强，生态环境逐步改善，改革开放不断深化，民生福祉持续提升，民主法治稳步推进，党的建设全面加强，全市经济社会各项事业取得显著成就，成功摘取了全国文明城市、全国民族团结进步示范市、国家卫生城市、国家森林城市、国家园林城市等桂冠。

新时代，新征程。石嘴山市深入学习贯彻党的二十大精神和习近平总书记视察宁夏重要讲话指示批示精神，全面落实自治区第十三次党代会部署要求，以建设黄河流域生态保护和高质量发展先行区为牵引，统筹发展和安全，加快建设产业转型示范市，大力推进产业强市、生态立市、科教兴市、惠民富市，奋力谱写全面建设社会主义现代化美丽石嘴山新篇章。

《中国国家人文地理·石嘴山》，全面系统地反映了石嘴山的地理区位、自然资源、生态环境和人文历史，以及经济社会发展成就、城市蓝图等内容，特别是以"山水之城""移民之城""工业之城""文明之城"为主线，以全新的视角，展现石嘴山城市形成和发展历程，延续城市文脉，留住城市记忆，并以简洁清新的笔触，勾勒出石嘴山一张张亮丽的名片，不仅提升了石嘴山的知名度和美誉度，也是一本石嘴山市情宣传教育的好教材，引人入胜、值得一读。

期望《中国国家人文地理·石嘴山》能使您更多地了解这座城市、认识这座城市、走进这座城市、爱上这座城市。

《中国国家人文地理·石嘴山》编辑委员会

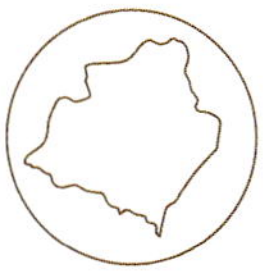

石嘴山名片

山河风骨

巍巍贺兰山绵延不绝,滔滔黄河水奔腾不息,"一山一河"是石嘴山的风骨和灵魂。沙湖,融江南水乡与大漠风光于一体,是全国首批5A级旅游景区;星海湖,是国家水利风景区、国家湿地公园和首批中国文化旅游新地标之一;华夏奇石山,集天下奇石之大成,是全国观赏石博览基地。贺兰山环境综合整治获评国家真抓实干成效明显示范项目,被自然资源部和世界自然保护联盟列入中国特色生态保护修复十个典型案例并向全球公开发布。

五湖四海

在国家煤炭基地建设和"三线建设"过程中,来自全国各地的二十多万建设者会聚位于贺兰山下、黄河之滨的石嘴山,开发开拓,共建共享,从此将石嘴山视为第二故乡。建设者们在石嘴山扎根,克服了一个又一个困难,创造了一个又一个奇迹,"五湖四海"构成石嘴山市的血脉和传承,形成了"五湖四海、自强不息"的城市精神,铸就了"开放包容、海纳百川"的城市品格。

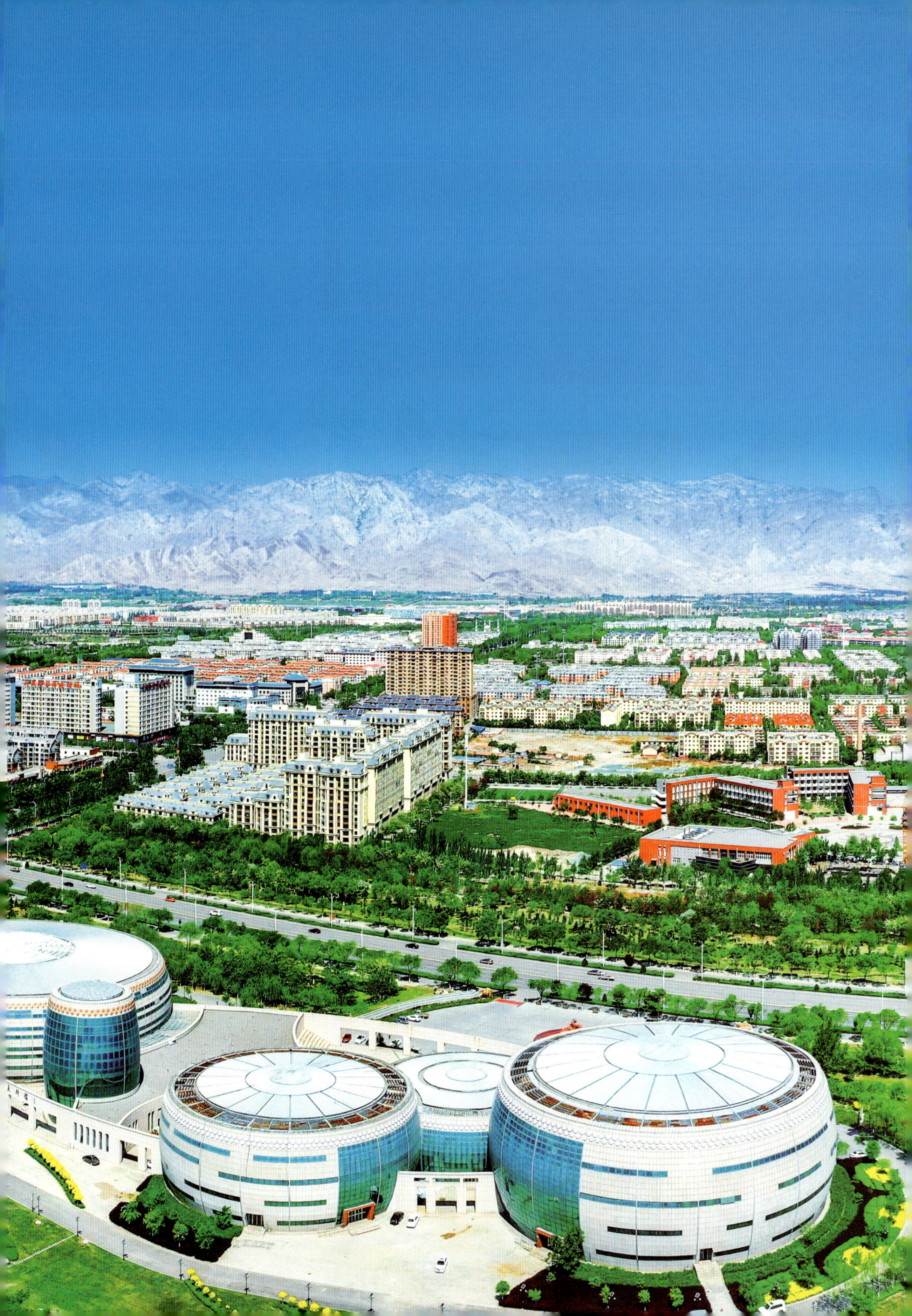

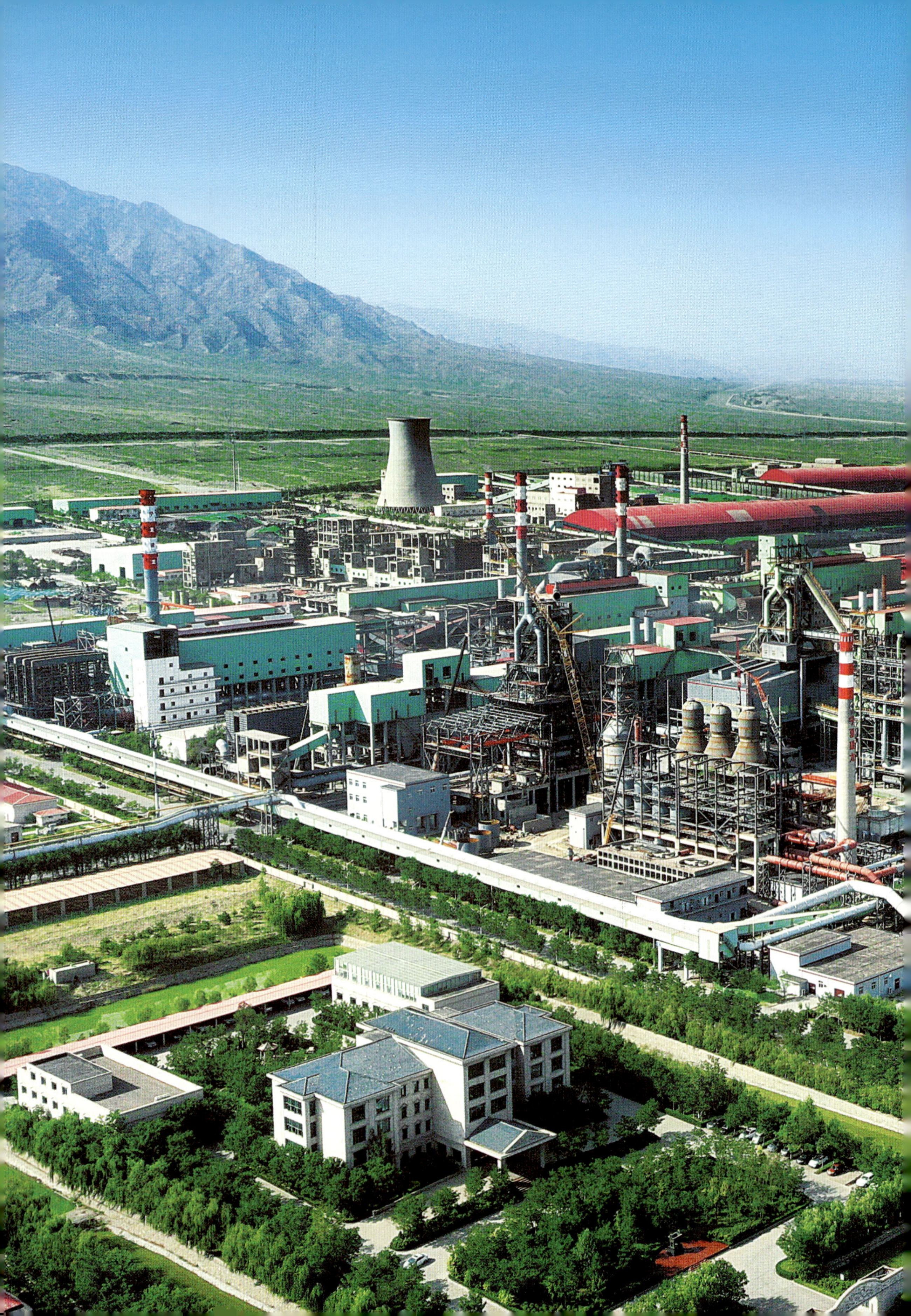

工业摇篮

作为国家"一五"时期布局建设的十大煤炭工业基地之一和"三线建设"的重要布局点，石嘴山是宁夏的"工业长子"和产业摇篮。宁夏工业史上的第一吨煤、第一度电、第一炉钢等多个"第一"诞生在石嘴山。近年来，石嘴山市加快新型工业化进程，形成了以新材料、先进装备制造、精细化工、多元合金为主导的工业体系。此外，现代物流、生态工业文化旅游、电子商务、科技金融、健康养老等新产业新业态快速成长，现有一个国家级开发区和两个自治区级开发区。

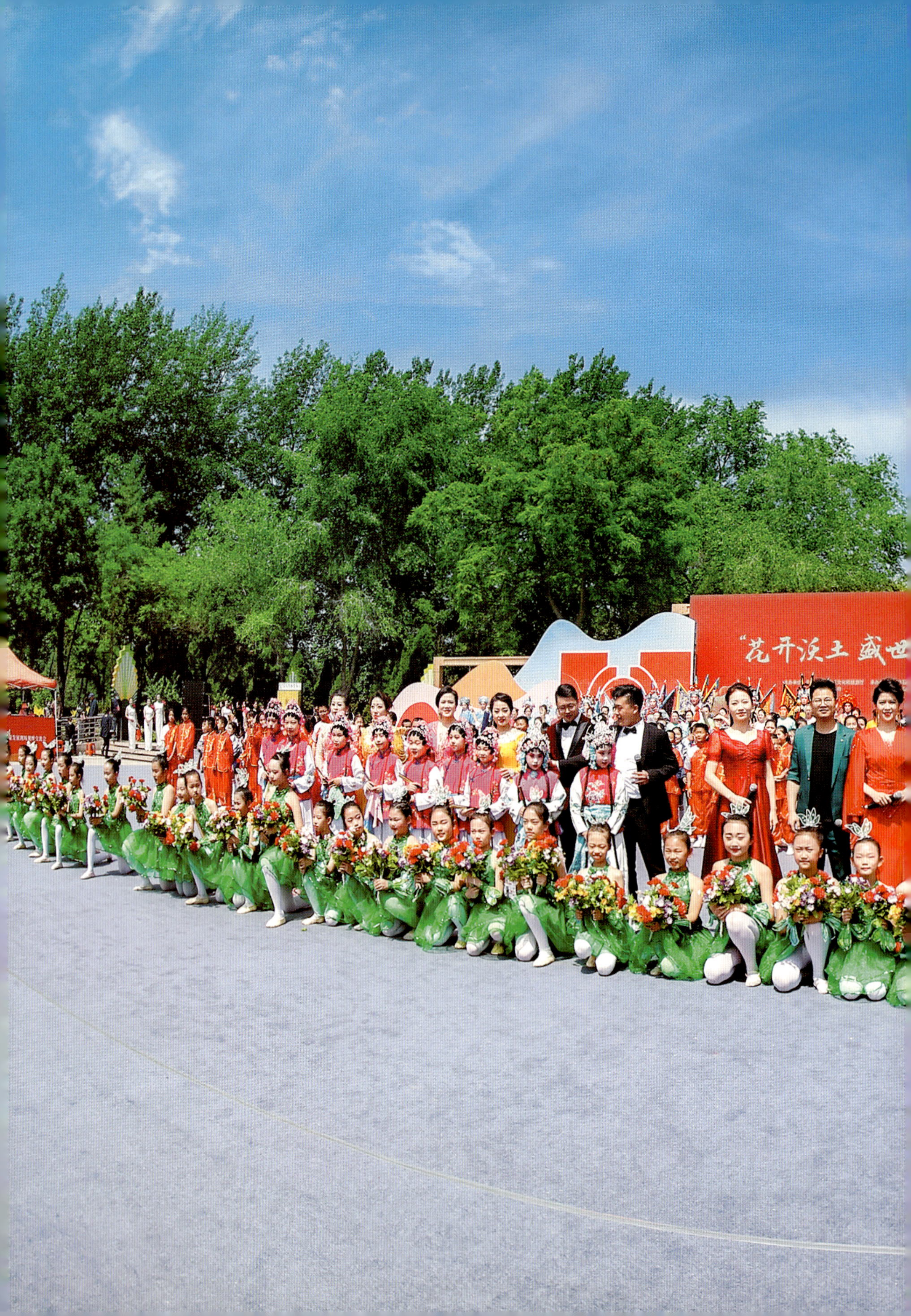
“花开沃土 盛世

文明之城

早在新石器时代,石嘴山就有人类生息繁衍。秦时,设置浑怀障,西汉时,设置市境内第一个行政建制——廉县。悠久的历史造就了石嘴山深厚的文化底蕴,孕育了贺兰山岩画、古长城、北武当寿佛寺、平罗玉皇阁、田州塔等人文古迹。贺兰山文化、移民文化、工业文化交相辉映,各民族和谐交融。近年来,石嘴山市持续加强民生保障和社会治理,群众安居乐业,社会安定有序,成功摘取了全国文明城市、全国民族团结进步示范市、国家卫生城市等桂冠。

石嘴山在宁夏的位置示意图　　　宁夏在中国的位置示意图

石嘴山概况

地理位置
行政区划
地形地貌
气候
人口
经济
交通
文化旅游
资源
社会事业

石嘴山市面积 5310 平方千米

地理位置

　　石嘴山市因贺兰山与黄河交会处"山石突出如嘴"而得名。石嘴山市位于宁夏回族自治区最北端，面积 5310 平方千米。它东跨黄河与内蒙古鄂尔多斯市为邻，西踞银川平原北部，地处宁夏东、内蒙古西两个国家千亿吨级煤田之间，是呼包银兰经济带，宁夏沿黄经济区，以及宁夏、内蒙古、陕西乌金三角经济区的重要节点城市。

行政区划

　　石嘴山市辖两区一县，即大武口区、惠农区以及平罗县。大武口区是市委、市政府所在地。

石嘴山市行政区划示意图

国家森林城市之石嘴山

地形地貌

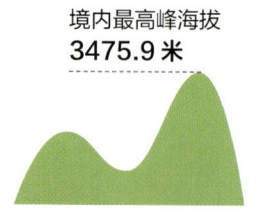

境内最高峰海拔
3475.9 米

石嘴山市由贺兰山山地、贺兰山东麓洪积扇冲积平原、黄河冲积平原和鄂尔多斯地台四种地貌类型组成。境内贺兰山面积 1605.7 平方千米，占石嘴山市面积的 30.24%。

北武当生态旅游景区

石嘴山市土地资源利用示意图

- 草地 137867.01公顷
- 耕地 111460公顷
- 林地 32410.7公顷
- 水域及水利设施用地 41710.85公顷
- 城镇、村及工矿用地 40553.09公顷
- 园地 2057.78公顷
- 湿地 3014.62公顷
- 交通运输用地 7655.01公顷

气候

石嘴山市地处黄土高原和内蒙古高原过渡地带，属中温带干旱气候区和季风气候区西缘，大陆性气候特征十分明显。全年日照充足，降水量集中，蒸发强烈，空气干燥，温差较大，无霜期短。

石嘴山 气候特点

春暖而多风
夏热而短促
秋短而早凉
冬寒而漫长

生态石嘴山

石嘴山市铸牢中华民族共同体意识教育馆

人口

截至2022年年末，全市常住人口75.18万人，其中城镇人口59.92万人，乡村人口15.26万人，人口城镇化率为79.7%。

79.7%
石嘴山市常住人口城镇化率

石嘴山市民族人口构成

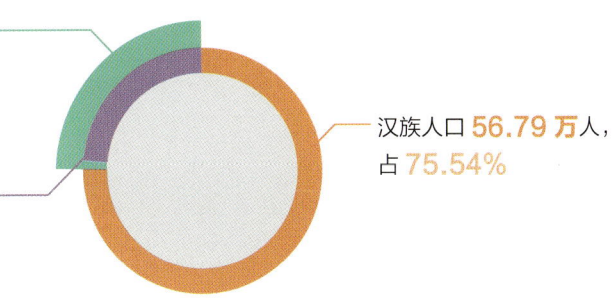

少数民族人口 **18.39万人**，占 **24.46%**

其中回族人口 **17.59万人**，占 **23.40%**

汉族人口 **56.79万人**，占 **75.54%**

经济

石嘴山市拥有25个工业行业大类，近60种工业产品，形成了以新材料、先进装备制造、精细化工、多元合金为主导的工业体系。硅钙合金、硅钡合金产量分别占国内市场的40%和30%以上，钽丝、钽粉产量分别占世界市场的60%和30%，位列世界三强；氰胺产能占全球的85%、全国的95%，煤机综采设备国内市场占有率达30%。

698.98亿元
石嘴山市2023年实现GDP

石嘴山市2023年三次产业增加值

第一产业增加值
42.53亿元

第二产业增加值
371.83亿元

第三产业增加值
284.62亿元

第一产业

　　石嘴山市地处银川平原北部，得黄河灌溉、日照充足之利，盛产小麦、玉米、水稻等，是全国商品粮基地，西北地区重要的牛奶、牛羊肉、淡水鱼产地和蔬菜集散地。2023年，全市粮食产量达51.47万吨。

石嘴山市农业总产值

2023年
83.32 亿元　　增长 7.3%

石嘴山市农村居民人均可支配收入

2023年
21050 元　　增长 8.1%

石嘴山市是全国商品粮基地

宁夏神州轮胎有限公司生产线

国家循环经济示范城市

第二产业

石嘴山市作为全国老工业基地、国家循环经济示范城市，近年来，通过大力推动工业转型升级和高质量发展，实现了从"塞上煤城"到现代化工业城市的历史巨变，逐步发展构建起以新材料、先进装备制造、精细化工、多元合金为主导的特色明显、优势突出的工业体系。

中色（宁夏）东方集团有限公司 600 千瓦电子束炉

石嘴山市已被列入全国首批老工业城市和资源型城市产业转型升级示范区、全国小微企业创业创新示范基地，并已逐步发展成为全国重要的稀有金属材料生产基地、煤矿输送装备生产研发基地、光伏全产业链制造和应用基地、锂离子电池材料生产基地。

从"塞上煤城"到现代化工业城市

生产性服务业和
生活性服务业

第三产业

　　石嘴山市基本形成以现代物流、科技服务、信息服务等为代表的生产性服务业和以生态工业旅游、现代商贸等为代表的生活性服务业。先后获批大武口生态工业文化旅游休闲集聚区、陆港现代物流集聚区、黄渠桥特色商贸集聚区等3个自治区级服务业集聚区。数字经济产业园、万达商业广场、宁夏

农副产品一条街、兰山小镇、惠农东大街商贸区、平罗汇融九街、红果子镇等服务业集聚区、功能区也初具雏形，产业规模正逐步扩大。此外，石嘴山市还深度参与"一带一路"建设，与40多个"一带一路"国家有贸易往来，开通联通欧洲货运班列，实现了石嘴山市至中亚各国和俄罗斯班列常态化运营。

深度参与"一带一路"建设

黄渠桥特色美食小镇

交通

石嘴山市被列入国家公路运输枢纽城市、区域流通节点城市。包兰铁路、京藏高速、乌玛高速、109国道、110国道等贯穿全境，石平高速公路是连接京藏和乌玛两条国家高速公路的重要联络线，纵贯全域的包银高速铁路正在加快推进建设。市境内基本形成"四纵三横"干线公路网络，全市实现所有行政村通硬化路，三县区及工业园区实现一级公路互联互通。

国家公路运输枢纽城市、区域流通节点城市

"四纵"

高速公路	G6
国道	G110
	G109
	G244

"三横"

省道	S303
	S302
	S301

◎ 石嘴山市　地级行政中心
◉ 平罗县　县级行政中心
――――　省级界
--------　地级界
--------　县级界

"四纵三横"干线公路网络

高速公路立交桥

石嘴山概况

石炭井影视小镇保留的 20 世纪 60—90 年代的建筑物

文化旅游

  石嘴山市文化旅游资源丰富。雄浑巍峨的"父亲山"贺兰山蜚声四海,"母亲河"黄河穿境而过。境内既有全国 5A 级旅游景区沙湖,也有国家湿地公园和位列首批中国文化旅游新地标的星海湖,还有集天下奇石之大成的华夏奇石山、人文和地质独特的北武当、孕育百年葡萄老藤的贺东庄园和

国家 A 级旅游景区 **20** 家
(其中 4A 级以上 **5** 家)

全国乡村旅游
重点村 **5** 个

乡村旅游
示范点 **12** 家

宁夏旅游
特色村 **5** 个

石炭井影视小镇中的国营照相馆老建筑

庙庙湖等 4A 级旅游景区，以及石炭井影视小镇等，旅游资源空间集聚特征明显。

石嘴山市被评为全国旅游标准化示范城市；2020 年，平罗县成功创建国家全域旅游示范县；2021 年，大武口区成功创建自治区首批全域旅游示范区。

星级旅游饭店 **22** 家 　　自治区级旅游度假区 **1** 个 　　旅行社 **56** 家

资源

水资源

　　石嘴山市全境属黄河流域，黄河流经长度达 108 千米，境内地表水系由黄河干流，黄河一级支流都思兔河，水洞沟、贺兰山山地沟谷和黄河引水排水渠系、平原低地集水湖沼组成基本骨架。引黄灌溉渠道年引黄河水约 11 亿立方米，灌溉面积 180 万亩。境内有沙湖、星海湖等大小湖泊 20 多个，湿地面积 415 平方千米，水面面积约 113 平方千米。

　　地下水主要补给来源为黄河水渗入和山地降雨贮备，富集于山前洪积扇及平原地带；贺兰山风化浅山地带贮存少量风化裂隙水；鄂尔多斯地台地下水贮存极少。

黄河流经长度达
108 千米

多年平均地表水资源量
0.818 亿立方米

多年平均地下水资源量
4.825 亿立方米

多年平均水资源总量
1.801 亿立方米

黄河流经石嘴山市

煤炭资源保有储量
31.32 亿吨

矿产资源

　　石嘴山市是我国西北地区重要的能源、原材料工业基地。矿产资源以煤炭资源与非金属矿产资源为主，其中煤炭资源保有储量为 31.32 亿吨。其所产优质无烟煤——"太西煤"，广泛应用于冶金、化工的高炉喷吹以及合成氨、活性炭的生产，并可代替石油焦制作石

墨制品、碳化硅等，在国内外享有盛誉。非金属矿产资源有硅石、黏土、云母、白云石、石灰石、辉绿岩等。境内砂石资源主要分布于贺兰山北段东麓的行洪沟道和山前洪积扇内，具有分布广、储量大、分选性好的特点。

"太西煤"产自石嘴山市汝箕沟矿区

植物资源

　　石嘴山市域内有野生维管植物84科329属647种及17个变种，苔藓植物26科65属142种，大型真菌259种。有国家级保护植物四合木、沙芦草、沙冬青、野大豆、蒙古扁桃、贺兰山丁香、苏铁、黄芪、樟子松、白梭梭10种。其中，四合木被誉为植物界的"活化石"和"大熊猫"，具有极高的保护、科学研究和观赏价值。集中连片生长的四合木仅存于石嘴山市惠农区最北端麻黄沟周围。石嘴山市惠农区政府成立了四合木保护区，明确规定在四合木分布区内不再批设工业项目。

野生维管植物 **84** 科
329 属 **647** 种及
17 个变种

成长在荒漠中的四合木，因其古老和稀有，被誉为植物界的"大熊猫"

灰鹤

动物资源

　　石嘴山市域内共有脊椎动物 5 纲 30 目 62 科 155 属 241 种。国家重点保护动物有 40 种，其中国家一级保护动物有大鸨、黑鹳、猎隼、中华秋沙鸭、白尾海雕 5 种，国家二级保护动物有马鹿、岩羊、蓝马鸡、雀鹰、松雀鹰、灰鹤、大鲵等 32 种。珍稀濒危野生动物有大鸨、猎隼、中华秋沙鸭 3 种。

　　2021 年以来，石嘴山市先后监测记录到"三有"动物白鹭在汝箕沟矿区水库边栖息，20 余只被喻为"鸟中大熊猫"的黑鹳在沙湖自然保护区觅食停歇。对生存环境质量要求极高的国家二级保护动物灰鹤的数量也从 2014 年的近 50 只增加到 2022 年的 6000 余只，石嘴山由此获得"宁夏灰鹤之乡"的美誉。

社会事业

科学技术

石嘴山市集聚优质创新资源，相继建设了国家高新区、国家农业科技园区等国家级、自治区级科技园区 7 个，建成稀有金属特种材料国家重点实验室、院士工作站等创新平台 111 个。石嘴山市成为我国重要的钽铌铍钛稀有金属研发生产基地、先进煤机综采装备研发制造基地和全国最大的氰胺工业生产基地。

国家级、自治区级科技园区 **7** 个

九天智能科技（宁夏）有限公司职工在车间作业

中国足球协会五人制足球超级联赛比赛现场

教育体育

石嘴山市现有各级各类学校 197 所，教职工总数 10367 人，拥有国家"万人计划"教学名师 1 名，国家"百千万人才工程"入选者 1 名，自治区"313"人才 3 名。

石嘴山市现有大中型体育场馆 15 个、体育公园 3 个、各类型体育场地 1779 个，体育场地总面积达 1867407 平方米；全市有校园足球特色学校 54 所，传统项目学校 28 所，市级体育社会组织 28 个；近 5 年培养国家二级运动员 872 人、一级运动员 486 人，在残奥会、全国五人制足球比赛等赛事中取得了优异成绩。

国家"万人计划"教学名师 **1** 名
国家"百千万人才工程"入选者 **1** 名
自治区"313"人才 **3** 名

村（社区）综合服务设施
覆盖率达 **100%**

文化事业

　　石嘴山市现有公共图书馆 4 个，文化馆 4 个，乡镇综合文化站 35 个，文物保护管理机构 2 个，民间艺术机构 32 个。公共图书馆总藏书量 79.07 万册，总流通 81.79 万人次。广播节目综合人口覆盖率达 100%，电视节目综合人口覆盖率达 100%，村（社区）综合服务设施覆盖率达 100%。

群众文艺表演

医疗卫生

石嘴山市现有医疗卫生机构 505 个，其中医院 36 个、卫生院 23 个、疾病预防控制中心 3 个。医疗卫生机构实有床位 5029 张，卫生技术人员 6635 人。石嘴山市荣获全国健康城市建设样板市、全国实施妇女儿童发展纲要先进集体称号，平罗县紧密型医共体建设举措被纳入全国综合医改典型经验。

全国健康城市建设样板市

宁夏卫生健康职业技术学院

历史印记

画石之山
宁北锁钥
党项筑建省嵬城
平罗往事
隐没的宝丰城池
市口石嘴子

石嘴山历史沿革图

【先秦】
- 今石嘴山市境为古代北方游牧民族的栖息地

【秦】
- 蒙恬率大军北上抗击戎狄，收复河南地（今河套地区），修筑长城，于今平罗县境筑边防城障浑怀障，设立浑怀都尉，石嘴山一带属北地郡管辖。是为石嘴山市境内行政建制之始

【汉】
- 西汉元狩四年（公元前一一九年），廉县（今平罗县境内）设立，是为石嘴山市境内历史上第一个县级行政建制

【唐】
- 初期属灵州都督府管辖
- 先天二年（七一三年），于今石嘴山市平罗县姚伏镇设定远军，后升为县
- 景福元年（八九二年），升为警州

【宋】
- 市境属陕西路灵州辖，置定远镇
- 北宋至道年间，改设威远军
- 北宋咸平四年（一〇〇一年），定远镇为党项人所占
- 北宋天圣二年（一〇二四年），西夏于州境内筑省嵬城
- 北宋景祐三年（一〇三六年），西夏改定远镇为定州，设定远县

【元】
- 市境属甘肃行中书省宁夏府路，仍置定州

石嘴子

【中华人民共和国】

- 一九五四年，宁夏省撤省并入甘肃，平罗、惠农、陶乐三县为甘肃省银川专署所辖
- 一九五五年，国家把石嘴山定为"一五"期间全国十个新建矿区之一
- 一九五八年，宁夏回族自治区成立，平罗、惠农、陶乐三县由自治区领导
- 一九六〇年一月，国务院批准撤销惠农县，设立石嘴山市
- 一九七二年二月，国务院批准设立银北地区，辖平罗、陶乐、贺兰三县及大武口区（一区）、石嘴山区（二区）、石炭井区（三区）
- 一九七五年十一月，国务院决定撤销银北地区，恢复石嘴山市，由自治区直辖。市辖大武口区、石嘴山区和平罗县、惠农县、陶乐县
- 二〇〇二年十月，国务院批准撤销石炭井区。市辖大武口区、石嘴山区和平罗县、惠农县、陶乐县
- 二〇〇四年，国务院批准撤销石嘴山市石嘴山区和惠农县，设立惠农区。撤销陶乐县，将原陶乐县除月牙湖乡外划入平罗县管辖。市辖大武口区、惠农区和平罗县

【民国】

- 一九二九年，宁夏省建立，市境为平罗县
- 一九四五年，于惠农县黄渠桥设宁夏省第三区行政督察专员公署，辖平罗、惠农、陶乐、磴口四县
- 一九四九年九月二十五日，中国人民解放军十九兵团进驻石嘴山，平罗、惠农、陶乐三县先后建立人民政权

【清】

- 属甘肃省宁夏府，改"平虏"为"平罗"
- 雍正二年（一七二四年），设置平罗县。后又置新渠县、宝丰县

【明】

- 属宁夏卫
- 永乐年间，筑"平虏城"（今平罗城）
- 嘉靖三十年（一五五一年），改为平虏守御千户所

石嘴山明长城

画石之山

早在距今4万—1.5万年前，石嘴山境内就已有人类繁衍生息。平罗县陶乐镇水洞沟旧石器时代文化遗存，平罗县明水湖、高仁、程家湾以及惠农区燕子墩等地的新石器时代文化遗存，市境内贺兰山北段黑石峁、树林沟、大西峰沟、韭菜沟、归德沟等处发现的2000余幅岩画，均具有古代游牧民族经济生活、社会风貌和原始宗教的鲜明特征，是研究中国文明史、宗教史、原始艺术史的文化宝库。

宁夏岩画作为中国北方岩画的代表之一，因数量巨大、分布集中、特色鲜明、内涵丰富、易于观赏而在世界上占有重要地位。北魏地理学家郦道元在《水经注》中曾这样记载贺兰山等地的岩画："河水又东北历石崖山西，去北地五百里。山石之上，自然有文，尽若虎马之状，粲然成著，类似图焉。故亦谓之画石山也。"

石嘴山境内的岩画主要分布在贺兰山麦汝井、黑石峁、白芨沟、大小水沟、高伏沟、树林沟、大西峰沟、韭菜沟、归德沟等绵延百里的山崖山坡上。已发现的岩画有2000余幅，大部分为羊、鹿、豹、

宁夏最古老的岩石——条带状混合岩

时　　代：新太古代
出土地点：石嘴山道路沟
馆藏地点：宁夏地质博物馆

虎、狗、狼等动物形象，还有脚印、人面、祭祀、图腾崇拜物及文字等图案。

黑石峁岩画位于大武口区西北 12 千米、小枣沟内 5 千米处。这里石黑如墨，地势险峻，平均海拔在 1400 米以上。在面积约 400 平方米的范围内分布有百余幅岩画，大者数平方米，小者仅 10 平方厘米，图案有羊、鹿、人形等。其中，山峁顶端有 60 余幅岩画，这些岩画分布相对集中，图案有放牧、群鹿、双人舞、狼、狗等，主要制作方法为敲凿法，个别采用划刻法。

大西峰沟岩画位于平罗县和贺兰县的交界处。西峰沟，又称"西伏沟""西佛沟"，明代称"西番口"。岩画分布在沟谷两岸的石崖断壁上，绵延 10 千米。向阳坡的岩画内容相当丰富，有人面、虎、马、羊、人物、狩猎场景等，制作方法以敲凿法为主。其中，虎岩画较多。岩画中的虎造型生动，身体上有螺旋状纹饰，背部有条纹。虎岩画用密点敲凿后再用磨刻法制作，凿痕较深。

黑石峁岩画——群羊

宁北锁钥

石嘴山市地处黄土高原与蒙古高原交会之处，古时是中原农耕区与北方游牧区的重要分界。因倚山临河、地势险要，秦汉时期，石嘴山一带就成为抵御戎狄和匈奴入侵的军事要地，后在漫长的历史时期中一直为中原王朝的北部设防地带。石嘴山以宁夏北部"咽喉""锁钥"而著称，军事防御与移民开发相辅相成。

北逐戎狄

秦统一六国后，石嘴山一带属北地郡。秦始皇帝三十三年（公元前214年），秦将蒙恬北逐戎狄，收河南地（今河套地区），开始在临黄河险要处"城河上以为塞"，同时沿黄河内侧"筑亭障以御戎人"，在今石嘴

《史记·蒙恬列传》中有关秦王朝北击匈奴的记载

蒙恬雕像

山境内设"塞外浑怀障",驻军守备。为解决军队后勤保障问题,蒙恬实行了两项移民政策:一是"徙谪戍",即把犯有轻罪的囚徒流放到亭、障、城以戍守和屯田;二是移民"实之初县",就是往新设置的县迁移内地人口。这是石嘴山境内迎来的第一批移民。蒙恬也被称为石嘴山地区最早的开发者。

秦末大乱,匈奴趁机南下,侵占了包括今石嘴山地区在内的整个河南地。汉朝初期,匈奴已在其北方建立起一个地域辽阔、"控弦三十万"的强大汗国,势力已扩张到秦长城一线(今固原市南部)。

经过文景之治,汉朝国力日渐强盛。自西汉元朔二年(公元前127年)开始,汉王朝对匈奴展开进攻:一方面,派大将卫青、霍去病挥师北征,"筑朔方""因河为塞",加强军事设施,固守疆土;另一方面,在河南地兴办屯田,徙民垦殖。

卫青像

霍去病雕像

元朔二年（公元前127年），匈奴入侵上谷（今河北省怀来县东南）、渔阳（今北京市密云区西南），汉将卫青和李息等率军拒敌。卫青领兵出云中（今内蒙古自治区托克托县东北），于黄河上架桥梁，过河直抵高阙（今内蒙古自治区巴彦淖尔市临河区西北），把在河套地区以南的匈奴楼烦王、白羊王逐出塞外，收复了黄河以南的富庶土地，并修复城寨，加强防务。《史记·卫将军骠骑列传》记载："今车骑将军青度西河至高阙……遂西定河南地。"随后，汉王朝在河套地区增设朔方郡并移民屯垦，史书称之为"筑卫朔方"。

汉筑廉县

西汉元狩二年（公元前121年），霍去病率军渡黄河向西，越过贺兰山深入匈奴腹地，长途奔袭至祁连山下，与匈奴主力展开决战，大获全胜。元狩四年（公元前119年），卫青、霍去病联合作战，进击匈奴。卫青所领军队大败匈奴于大漠以北，霍

■ 廉县故地旧影

■ 廉县遗址今貌

去病领兵追击匈奴至狼居胥山，"临瀚海而还"。经过这次战役，匈奴元气大伤，退至大漠以北，从此"漠南无王庭"，河南地人民得以休养生息。与此同时，汉王朝一次性将70余万人安置到包括今石嘴山地区在内的朔方河南地一带。汉朝对匈奴的军事进攻和对河南地的大力开发，使得这一地区很快成为"饶谷多畜"的富饶之区，有"新秦中"之称。随着开发规模的扩大，北地郡人口增多，汉王朝在其西南部另置安定郡，并在新的北地郡下增置6个县，廉县是其中之一。《汉书·地理志》记载："廉。卑移山（即贺兰山）在西北。"廉县位于北地郡北端，辖境包括今石嘴山市的大武口区、惠农区和平罗县河西地区及银川市贺兰县西北，是当时管理屯田移民的行政中心，也是贺兰山东麓的边防要塞，

汉墓

还是石嘴山市境内有史可考的第一个县级建制。西汉后期王莽篡政，因廉县城在黄河以西，遂将其更名为"西河亭"。东汉末年，西北羌人起义，朝廷对北地失去控制，廉县遂遭废弃。至此，廉县在历史上存在了300余年。

在廉县故地的暖泉遗址，考古工作者发现了石器、陶器、石磨盘以及房址，以此认定其为新石器时代的遗址。此外，这里还发现了大量汉墓，并出土了一批汉代陶器。这说明，这一地区不仅是汉代廉县城之所在，而且早在新石器时代就已有人居住。

廉县在《后汉书》这部史书中还给人留下了"廉人射卑王"和"天雨肉"的故事。

东汉光和年间，鲜卑王檀石槐死，其子和连继位。新任的鲜卑王和连攻略北地时，被廉县一位善于射箭的人射杀。廉人从此留下善射的美名。

东汉建和三年（149年）七月，廉县空中降肉如雨，肉似羊肋，大者如手。这次事件发生时间记述得很具体，肉的形状也描述得很详细。现在的人们大多认为，天降肉雨可能是龙卷风将廉县周边某处的碎肉卷起后又使碎肉降落于廉县导致的。

东汉后期，羌人大举进入，北地郡内迁，廉县废弃，全境为羌、匈奴、鲜卑等民族放牧之地，长逾500年。

定远扬威

唐朝，今石嘴山地区属关内道辖区，朝廷在此修筑定远城，城址在今平罗县姚伏镇附近。唐朝的《元和郡县图志》《通典》中记载，这座城是在唐景龙元年（707年）由朔方行军大总管张仁愿所筑，但《旧唐书·郭元振传》《新唐书·地理志》中则记载，该城为唐先天二年（713年）由朔方行军大总管郭元振所筑，筑城位置在"灵州东北二百里黄河外"，而且属于"关内道九军府之一"。

定远城是衔接西受降城（今内蒙古自治区巴彦淖尔市狼山口南）与丰安县（今宁夏回族自治区中卫市）千里之间的重要军城。据史料记载："郭元振以西域远（史料原文为"援"，应为笔误）阔，丰安势孤，中间千里无城郭烽堠，故置此城，募官健五千五百人镇守。"唐开元十五年（727年），信安王李祎任朔方节度副使时，为适应驻军增多的需要，

郭元振画像

"更筑羊马城，幅员十四里"。

　　定远城在唐朝为"朔方六城"与"河外五城"之一，是西北战略要地。唐朝诗人王维《老将行》中"贺兰山下阵如云，羽檄交驰日夕闻"的诗句，就生动地描述了当时金戈铁马的沙场征战场景。定远城

巍峨雄伟、地势险要的贺兰山

的战将和士兵中，有很多是在各羁縻州、"六胡州"招募的北方游牧民族后裔，其性格刚勇、能征善战，在平定安史之乱、拥立唐肃宗灵州登基、收复关中和京都长安（今西安市），以及西援河西、征战吐蕃等诸多战事中战功卓著。

党项筑建省嵬城

宋朝统一中原后，北方游牧民族党项羌族的一支以今宁夏为中心曾建立过一个地方割据政权，史称西夏。

北宋咸平四年（1001年），党项族首领李继迁攻占银川平原之怀远镇。次年，攻占灵州。咸平六年（1003年）移总部于灵州。景德元年（1004年）李继迁死，子德明继立，宋真宗于景德三年（1006年）授德

省嵬城址碑

石嘴山省嵬城遗址出土的西夏文物

酱釉双耳瓷壶

时　　代：西夏
出土地点：石嘴山省嵬城遗址
馆藏地点：宁夏博物馆

瓷人头

时　　代：西夏
出土地点：石嘴山省嵬城遗址
馆藏地点：宁夏博物馆

褐釉玉壶春瓶

时　　代：西夏
出土地点：石嘴山省嵬城遗址
馆藏地点：宁夏博物馆

省嵬城遗址

明为定难军节度使。李德明一面向辽、宋称臣，一面积极处理辖境内的事务，发展生产，解决内部矛盾。待政权巩固之后，他便向河西走廊一带用兵，扩大控制区域。在一切工作准备就绪后，李德明于天禧四年（1020年），改怀远镇为兴州，并迁驻地于此。

为加强兴州北部防卫，李德明派人在兴州北部地区凭借贺兰山天险筑建城池，将其命名为省嵬城，主要目的是"控御诸藩，拱卫兴州"。据《西夏书事》记载："天圣二年（1024年）春二月，德明作省嵬城于定州。"据乾隆年间《宁夏府志》记载，省嵬城在省嵬山下，西南距离兴庆府（今银川市）一百四十里，西夏所筑。

南宋绍定二年（1229年），成吉思汗大军围攻省嵬城，数月后西夏灭亡，蒙古军队取代西夏守军，驻扎省嵬城。清康熙三十六年

（1697年），康熙帝率军亲征噶尔丹，在宁夏总兵王化行，副总兵董大成、潘育龙等陪同下，从宁夏城乘马向北视察兵营，其中包括省嵬城大营。

自北宋宝元元年（1038年）李元昊建立西夏，至西夏宝义二年（1227年）西夏为蒙古所灭的近200年中，省嵬城作为西夏的北部屏障，在抵御辽军和蒙古军入侵时发挥了重要的军事作用。

西夏灭亡后，省嵬城的作用逐渐弱化，明清时部分建筑毁于地震。在省嵬城的毁弃经历中有三次大的天灾人祸。第一次是人祸，即发生在13世纪初叶的蒙古西夏战争。省嵬城地处贺兰山口通向兴庆府的交通线上，所以在蒙古西夏战争中难免遭兵火涂炭。实际上这里的地势非常平坦，无险可守，军事上可资利用的价值不高。相反，因为充沛的水源和临近农牧分界线的地缘优势，它在元代还以开渠屯田和驿站贸易而著称。直到明万历十一年（1583年），这里还是一派"鱼泽滩头嘶猎马，省嵬城畔看黄河"的景象。第二次是天灾，即为明天启七年（1627年）的大地震。第三次也是天灾，为清乾隆三年（1739年）的破坏性地震，这也是省嵬城历史上发生的最严重的灾害。

1965年、1966年宁夏博物馆先后两次对省嵬城遗址进行试掘，发掘出土文物200余件（枚），宋（西夏）、元、明、清各朝都有涉及。最重要的是瓷制秃发人头像，其发型可与文献记载的西夏发型风俗相印证。该文物现藏于宁夏博物馆。

现存省嵬城遗址位于石嘴山市惠农区庙台乡省嵬村，为边长600米的正方形。

2013年，省嵬城遗址被国务院公布为第七批全国重点文物保护单位。

平罗往事

蒙古西夏克夷门之战

在西夏时期，今石嘴山地区是西夏防范北部军事侵略的缓冲地带和最后防线，具有相当重要的战略地位。克夷门是石嘴山境内贺兰山的一处隘口，《西夏书事》有"两山对峙，中通一径，悬绝不可登"的记载。克夷门是西夏中兴府（即原兴庆府，西夏末期更名为中兴府）的门户，也是宁夏平原北出塞外的战略要隘。西夏在这里兴建寺院，并设右厢朝顺监军司，布兵7万固守。

成吉思汗曾经多次率大军攻打西夏，贺兰山北部地区也是蒙古西夏交战的主战场，其中发生于今石嘴山地区的贺兰山克夷门之战，成为蒙古灭夏战争的历史性转折点。

西夏应天四年（1209年），蒙古军队出黑水城，攻克西夏边防关口兀剌海城，长驱直入，进攻西夏中兴府外围贺兰山克夷门。西夏派老将嵬名令公率军5万增驰克夷门，击败蒙古军，初战告捷。蒙古军失利，后退驻扎贺兰山口，双方进入僵持阶段。后蒙古军队改变策略，用计诱

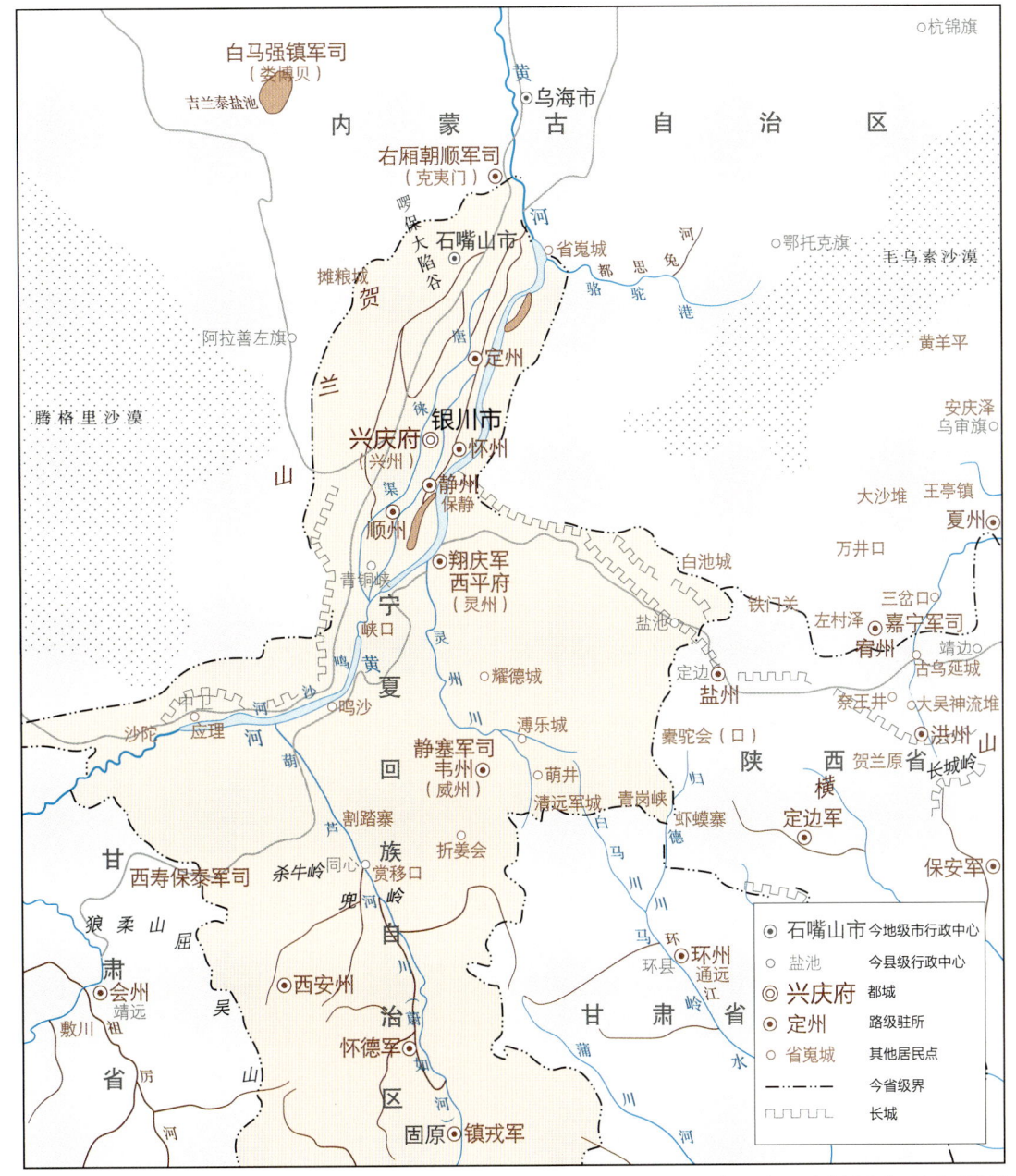

石嘴山市历史地图（西夏时期）

使西夏军出战，嵬名令公率大军出战，兵败被俘。

蒙古军队攻克克夷门后，乘胜进击，包围了西夏中兴府。驻守中兴府的西夏军队顽强抵抗，蒙古军久攻不克。时逢暴雨，黄河水暴

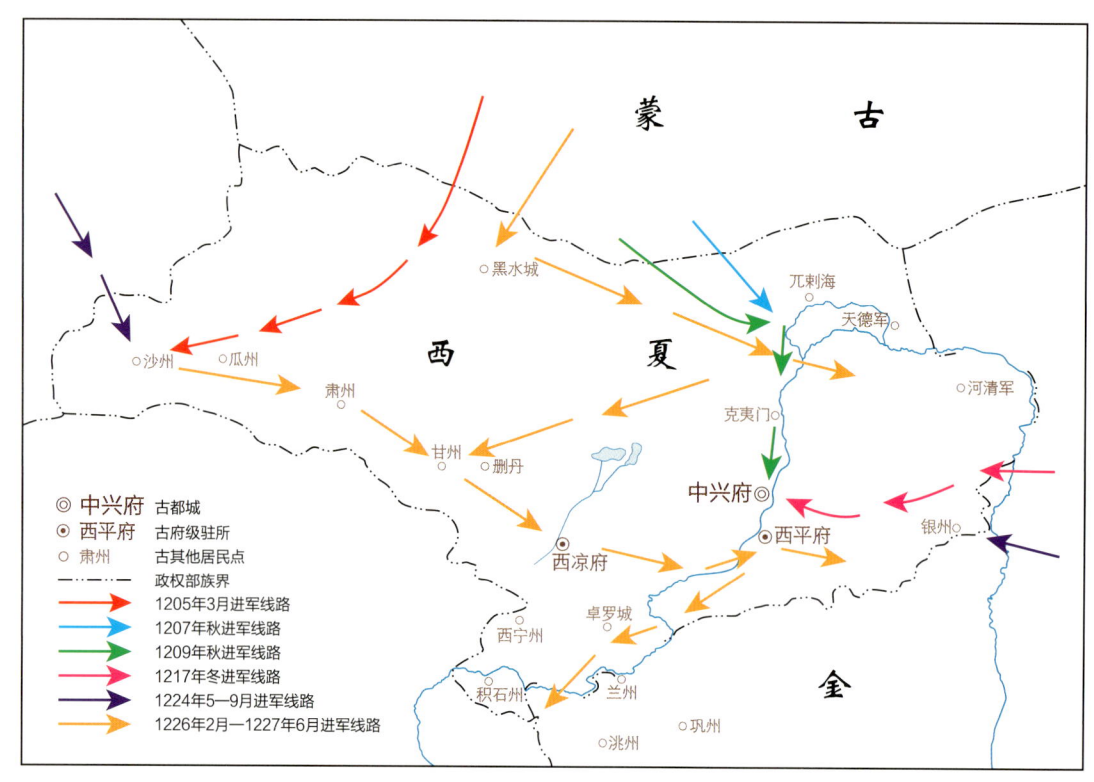

蒙古军队进攻西夏线路图

涨，蒙古军队遂筑外堤引河水灌入城池，城内居民溺死无数，城墙也有坍塌的危险。西夏被迫向金求援，却遭金拒绝。就在西夏城池即将被攻破之际，蒙古军队所筑外堤溃决，自己反遭水淹，成吉思汗被迫撤兵。西夏借机向蒙古称臣纳贡，蒙古放还嵬名令公。蒙古、西夏的克夷门之战遂告结束。

宁夏平虏守御千户所

宁夏平虏守御千户所于明朝设置，治所在平虏城（今平罗县）城关。为了与固原卫所辖之同名"平虏守御千户所"相区别，此处便在前面冠以"宁夏"二字。卫所的设置，"度要害之地，系一郡者设所，连郡者设卫"，一般1120人为一个千户所，5600人为一卫。平虏地处北部边陲，西据贺兰山之雄，东临黄河之险，是阻敌防御的战略要地。按明嘉靖年间的《宁夏新志》载，"苟失平虏，则无宁夏，无宁夏则无平（平凉）、固（固原），无平、固则关中骚动，渐及内地，患不可量矣"。

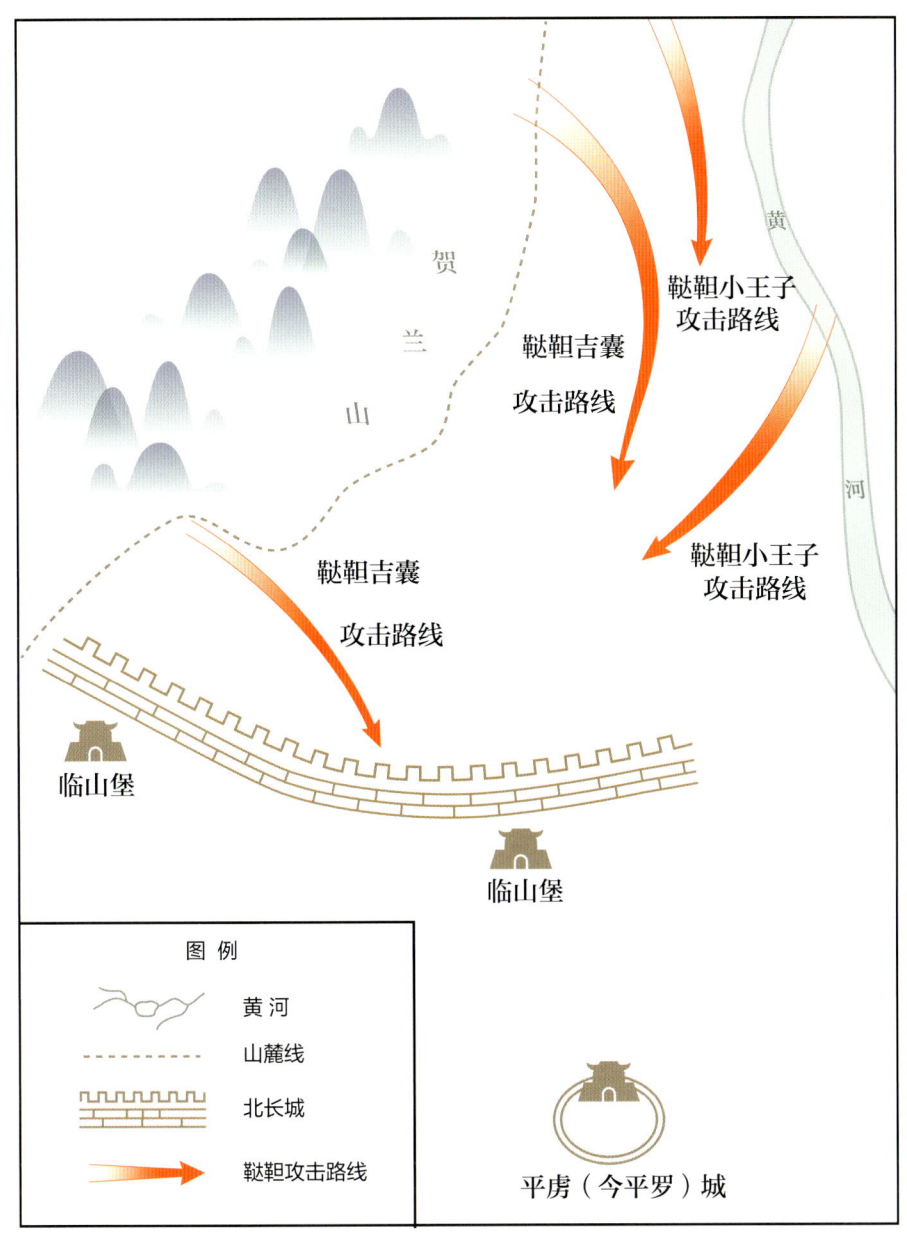

明代鞑靼攻击平虏（今平罗）境示意图

明永乐初年，为防御北方游牧民部落侵扰，在今平罗县始建城池，置军马哨备，名曰"平虏城"。景泰六年（1455年），平虏奏拨前卫后千户所十百户军余居之，驻防银川以北（即今石嘴山市全境）。正德五年（1510年），总制右都御史杨一清奏设守备，为宁夏北路（治所在平虏城），领威镇堡，自镇城以北屯堡皆属之。嘉靖三十年（1551年），改设平虏守御千户所。史籍载，平虏守御千户所有"军人一千一百六十二人，正千户一员，副千户一员，镇抚一员，百户十员，吏目一员，司吏、典吏各一员"。千户所与守御千户所均为军政合一的体制，实行"军事屯垦"制度。

清顺治二年（1645年），改"宁夏平虏守御千户所"为"宁夏平罗所"，为今平罗地名之始。雍正二年（1724年），再升改平罗所为平罗县。

萧如薰抗击叛贼哱拜

明万历二十年（1592年）三月，原宁夏镇副总兵哱拜伙同军锋刘东旸等踞宁夏城（今银川市兴庆区）起兵叛明，杀死巡抚党馨及副使石继芳等人，攻陷玉泉营、中卫、广武等河西47堡，并北上攻打平虏。叛军重兵围城，城池孤立无援，随时都有被攻克的危险。守城参将萧如薰率全城军民日夜坚守，萧如薰之妻杨氏献出金银首饰，备酒肉犒赏将士，并协助萧如薰指挥守城作战。将士深受感动，士气大振，多次打退叛军的进攻。

万历二十年（1592年）五月，叛军再次猛攻平虏城。萧如薰将一部分士兵留城固守，一部分士兵埋伏在南关，伺机出击。他亲自率少数士兵迎战诱敌，恰明军援军赶来，经过一场血战，击溃叛军，被围攻两个月的平虏城得以解围。

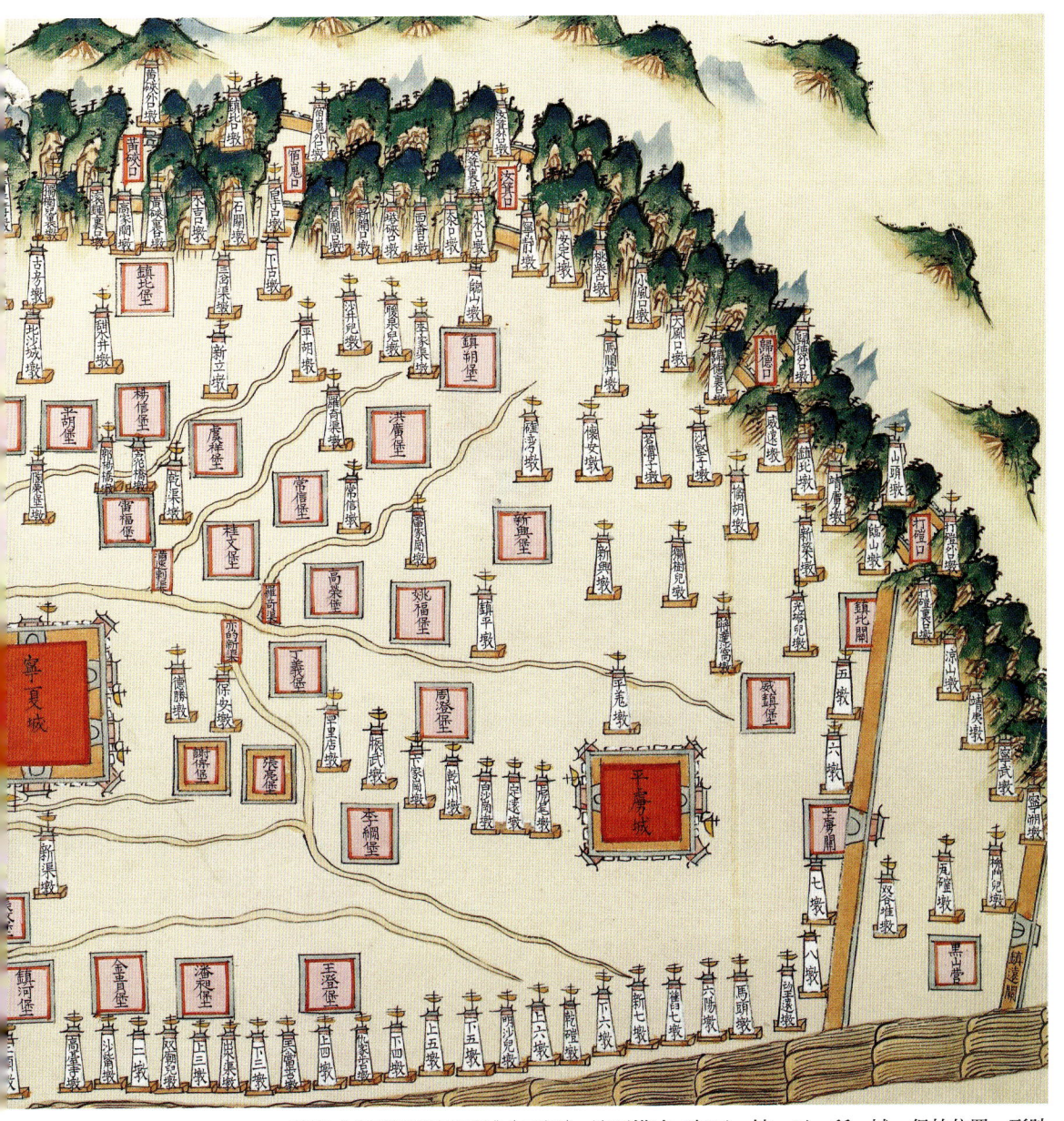

明代《宁夏镇战守图略》（局部） 该图描述了都司、镇、卫、所、城、堡的位置、形胜

萧如薰因"守卫平虏之功"升任宁夏总兵官。因平息叛乱有功，萧如薰病故后，皇帝朱由检钦赐其"抗逆孤忠"匾额，入名宦祠。明朝还在平虏城鼓楼南侧为萧如薰建牌坊，正面匾额上镶嵌着"抗逆孤忠"四个大字，背面镌刻着萧如薰镇守平虏城的事迹。

隐没的宝丰城池

清雍正年间，朝廷在贺兰山前查汗托辉（一作查汗托护）至石嘴子的广袤旷野上开工修筑惠农渠和昌润渠，并在两渠灌区内设置新渠、宝丰二县，与平罗县分治。据记载："新渠、宝丰二县，雍正七、八年实垦田，共七百四十顷九十三亩。"至乾隆三年（1738年），新渠县辖通吉、通义、通昶、清水、通宁、通朔等堡，宝丰县辖红岗、永润、柔远等堡。

宝丰县城始设于雍正七年（1729年），位置在省嵬城西南。城周长为2000多米，城墙高近9米，护城河宽2.3米。设南北两城门，南为广福门，北为贡宝门。建中心鼓楼1座，设有东、西、南、北4个门洞，东曰"捧日"，西曰"揽霞"，南曰"观澜"，北曰"拢翠"。整座城池甚为壮观。

乾隆三年十一月二十三日（1739年1月3日），宁夏发生大地震，震中紧靠平罗县城，震级为8级，震中烈度在10度以上，整个银川平原烈度在8度以上。据《宁夏府志》记载，这次大地震"地多坼裂，宽数

■ 宝丰城旧影

■ 宝丰东大寺旧影

尺或盈丈，黑水涌溢，其气皆热"，宁夏府城和平罗、宝丰、新渠等县城都被摧毁殆尽。大学士查郎阿赶到宁夏查看之后，向朝廷奏报，这次地震"竟如簸箕上下两簸。瞬息之间，阖城庙宇、衙署、兵民房屋，倒塌无存。男妇人口奔跑不及，被压大半……城垣四面塌摞，仅存基址""查平罗、新渠、宝丰三县，洪广一营、平羌一堡，阖城房屋亦倒塌无存"。朝廷派出钦差大臣前往赈灾，钦差实地查看后，发现县城恢复难度极大，不宜再设城池，便奏请朝廷裁撤宝丰县。于是宝丰县被裁撤，部分地域划归宁夏县（今银川市贺兰县），其余地域划归平罗县。

市口石嘴子

石嘴山北联朔漠，南通银川平原，水陆交通便利，特殊的地理区位使得市境长期成为中原农耕民族与北方游牧民族活动的交会地带。早在明隆庆五年（1571年），明朝就在平虏城（今平罗县）附近设立了互市的"市口"。清朝，因蒙古部落经今石嘴山市惠农区入平罗赴市，沿途"民间田禾难免踩蹋"，官方遂于乾隆元年（1736年）将"市口"迁至今石嘴山市惠农区，每月农历初一、初十、二十为开市交易日。石嘴山"市口"贸易"口税"所得占平罗县杂税岁入的九分之七，该"市口"已是当时宁夏北部主要的商业贸易活动中心，是宁夏三大"市口"之一。

直至民国初期，石嘴山一直是河套地区民族贸易的中心。据《中国省别全志》记载，"举凡宁夏平原之物产及阿拉善蒙古的特产羊毛、羊皮、药材须全部集中于此，再输往外地。另外，新疆、青海、甘肃、宁夏及河套地区的羊毛也多运到此地，再由民船转运至包头"，商业一时繁荣之极。"市口"为民族间的经济文化交流提供了便利，也是民族交往交融的历史见证。

民国时期，黄河上游宁夏与绥远、包头等地之间舟行不断，石嘴子码头是重要途经地之一

峥嵘岁月

顺南革命政府
军民抗战
宁北地区党组织
革命英烈

顺南革命政府

清宣统三年（1911年）八月十九（10月10日），武昌首义取得成功，全国各地纷纷响应。同年10月30日，石嘴山市境内平罗民军以"顺南"为旗号，发动了一场轰轰烈烈的民军起义。

民军起义提出了"顺南方，迎南军，杀赃官，除恶霸"的口号，起义军头包青巾，手提大刀等武器，结队走上街头，打开了平罗城内的北当铺和黄渠桥的永茂、聚恒等五家当铺，将缴获的物资救济穷人。11月1日，平罗哥老会首领王之滨、蒲春山、吴大炳、马跃川等人率领县城和四乡的起义军，和手持刀、枪、矛等兵器的马军、步兵2000余人，从四面八方涌进平罗县城。民军打开监狱，放出囚犯；打开粮仓，充实民军粮草，并向穷人发放口粮；打开武器库，武装民军队伍；杀死作恶多端、负隅顽抗的县丞，很快占领平罗各地，平罗大街小巷房顶遂竖起"顺南"小旗。

平罗民军起义成功后，宁夏革命军政府决定成立平罗顺南政府，推选起义军首领王之滨为知县，蒲春山为民军首领，马跃川为参将，吴大炳为师爷，孙柏岩为文案，哈明、周祥、董茂奎等为守备。11月21日，在县城关帝庙内举行了就职仪式大会，顺南革命政府正式成立。

随后，平罗民军会同宁夏民军攻打清廷宁夏满城军营，满城军营求援于甘肃，陕甘清军派出马安良的西军到宁夏镇压革命。西军诱降民军将领，解除了满城军营之危，后北上攻入平罗县城并大肆劫掠，平罗民军败退。

从成立到解散，新生的顺南革命政府仅仅存在了一个月，但平罗民军的英勇壮举必将永载史册。

民军起义队伍

军民抗战

日军侵占东北以后,一直把控制东起察绥、西至宁夏甘新一带,封锁中国西北边疆,隔绝中苏关系作为主要战略目标,在绥远内蒙古扶植傀儡政府的同时,不断窥视与绥远相邻的宁夏。卢沟桥事变后,日伪势力深入绥西,日军增兵包头,多次出动飞机轰炸宁夏,给宁夏人民的生命财产造成巨大威胁。石嘴山地区是宁夏抗击日军的门户前沿,也是抗日的后勤补给基地之一,对部队休整、补充兵源起到了重要作用。在抗日战争中,后勤留守人员、伤员大都转移到这里进行休整或治疗,宁夏战时所设的四家战地医院,有三家在石嘴山地区。

抗战期间,石嘴山人民抗日爱国热情高涨,先后组织三次较大规模的抗日爱国集会。九一八事变后,为响应中国共产党提出的"以民族革命战争驱逐日本侵略者出中国"的号召,平罗县举办了抗日救国大会,组织演讲和抗日示威游行。1939年10月,平罗县组织以"庆祝湘北大捷"为主题的群众活动,各族各界民众600余人在县城第二完全小学门前集会,示威声讨日本帝国主义的侵略行径。集会当天还与"抗日战地后方服务团"联合演出了宣传抗日的话剧,并举行了提灯和火炬游

平罗县召开抗日救国大会，组织演讲和抗日示威游行

行。1945年日本投降后，平罗县举办了庆祝抗日战争和世界反法西斯战争胜利大会。

石嘴山也是宁夏青年学生组织广泛开展抗日救国活动的主要地区之一。卢沟桥事变后，北平（今北京）、天津沦陷，在北平上学的宁夏籍学生流亡各地，组织"西北流亡团"，后陆续返回宁夏。返宁学生在宁夏省政府教育厅领导下组成三支抗日宣传队，深入宁夏各地宣传抗日，其中由梁飞彪带领的宣传队，到今石嘴山境内多地宣传。与此同时，石嘴山地区在中共地下党的领导下，在平罗县城、姚伏、黄渠桥、宝丰等地的学校成立了"少年战地服务团""宁夏少战团分团""少年农村服务宣传团""抗日战地后方服务团"等抗日救国学生组织，参加的师生有1000多人，其中在黄渠桥北校建立的"抗日战地后方服务团"，参加师生有200多人。这些青年学生组织根据抗日救国形势，制定了具体的宣传行动计划和口号。其中，"少年战地服务团"的宗旨是"爱我中华，赶走强盗"，战斗口号是"火线就是战场，战地就是课堂，唤起民众，一致抗日"。他们在县城街头和农村集市开展多种宣传活动，为在当时信息闭塞的城乡中唤醒大众抗日救亡的意识发挥了积极作用。

宁北地区党组织

第一次国内革命战争时期，今石嘴山境内是中国共产党在宁夏传播革命思想较早的地区之一。1926年8月，冯玉祥率国民革命军联军"入甘援陕"、策应北伐战争时，该部刘伯坚、钱崝泉、宣侠父等中共党员先后在石嘴山镇（今石嘴山市惠农区）、黄渠桥、平罗县城等地驻留，宣传十月革命，传播马列主义思想。1927年5月，在宁夏府城"五中八师"（甘肃省第五中学和省立第八师范合并办学，时称"五中八师"）学习的石嘴山籍学生叶松龄加入中国共产党，他是石嘴山市境最早的共产党员。

1938年春，中共三边特委派杨一木等人到宁夏开展工作。杨一木在黄渠桥第二完全小学工作期间，发展教师郭英教、李振声加入中国共产党，郭英教又发展学生常凤翔加入中国共产党。在此基础上，中共黄渠桥支部于1938年8月成立，共有5名党员，这是石嘴山市境内第一个中国共产党党支部。是年冬，杨一木为摆脱特务搜捕，返回陕北，支部处于无人负责状态。同年，中共三边特委派到石嘴山开展工作的中共党员李平山、李宛在宝丰小学和石嘴山小学分别发展了校长王福寿、学生王延为中共党员，成立了中共石嘴山小学支部。1939年春，中共宁夏工委负责人李仰南到石嘴山，重新组建中共黄渠桥支部，同时建立了中共宝丰、石嘴山地区回民支部。同年年底，因国民党当局的破坏，中共石嘴山各支部基本上停止了活动。

1945年夏，中共三段地分工委王延在三段地（现内蒙古自治区鄂尔多斯市鄂托克旗境内）介绍李双双（原陶乐县五堆子乡人）、任天才（惠农区西永固乡人）加入中国共产党。1946年，李双双在陶乐（现大部分划归平罗县）发展了李如英、王万英两名党员，于1947年在陶乐县建立党支部。1947年，李双双被捕牺牲，陶乐县党的地下活动停止。1948年9月，中共中央西北局决定建立宁夏、伊西两个工作委员会，伊西工委兼对平罗、惠农、陶乐等地开展工作。

黄渠桥红色教育基地

革命英烈

任天才（1919—1947年），出生于石嘴山市惠农县（今惠农区）西永固乡西永固村一个贫苦的农民家庭，贫苦的家境和苦难的经历，造

中共三段地工委旧址 三段地地处内蒙古、陕西、宁夏三省区交界处，是中国共产党开展民族工作的重要桥头堡，也是陕甘宁边区的北方门户和重要组成部分，历史文化十分厚重。三段地更是中国共产党在民族地区开辟最早的革命根据地之一，任天才、李双双就是在这里加入的中国共产党

1953年2月6日，任天才被追授中华人民共和国中央人民政府颁发的《光荣纪念证》

就了他坚强不屈的性格。

1941年6月，任天才和同伴三人趁收割麦子的机会逃离了家乡，投奔边区，到达三段地一带。在宁夏籍牧民刘安子的帮助下，任天才以卖苦力为生，暗地里寻找党的组织，后结识共产党员邵文章，并在其介绍下参加了革命。1945年，任天才经王延介绍，加入了中国共产党。

1947年，马鸿逵集中兵力进犯三边地区，大肆搜捕中共地下工作人员和积极分子。党组织考虑到任天才是本地人，熟悉当地情况，就决定让他留下来在惠农地区继续工作。不久，任天才在一次执行任务时，被埋伏的国民党骑兵逮捕。任天才被捕后，敌人为了了解他的真实身份，对他进行惨无人道的折磨。任天才坚贞不屈，始终没有暴露自己的身份，没有吐露半点儿党的秘密，表现出共产党员大无畏的革命精神和坚贞不屈的品格。经过20多天的酷刑审讯，敌人一无所获，便以"共军嫌疑"为借口将其送回国民党宁夏省政府处置，国民党宁夏省政府把他关在宁夏保安司令部军法处。关押期间，敌人多次动用惨无人道的酷刑，甚至割断了他的脚筋，他却咬紧牙关，视死如归，后英勇就义。

任天才被敌人杀害时年仅28岁。当地人民群众赞颂他是"硬骨头汉子，了不起的共产党员"。1953年2月6日，中华人民共和国中央人民政府为任天才颁发了《光荣纪念证》，宁夏省人民政府将任天才遗骨移葬于石嘴山市革命烈士陵园。

李双双（1909—1947年），又名李发祥，生于陶乐县（今已撤销）五堆子乡沟湾子村一户贫苦农民家中。李双双自幼在家放牧、务农。1940年，因家境困难背井离乡，到三段地以做小生意为生，往返于三段地和陶乐县之间。在此期间，他接触了共产党在三段地的工作人员，在党组织的培养教育下，于1942年在三段地参加了革命工作，1945年经王延介绍加入中国共产党。李双双以贩碱经商做掩护，活动在三段地、察汗淖尔、盐池、陶乐、三边等地，搜集国民党和马鸿逵所部各方面的情况，向中共三段地工委秘密传递情报。此外，他还主动组织群众

任天才雕像　　　　　李双双雕像

在烈士纪念日举行敬献花篮仪式

开展宣传活动，在群众中培养党的积极分子。1946年，他在陶乐县发展了两名农民加入中国共产党。

1947年2月，马鸿逵所部攻占三边地区，三段地的中共地下党组织遭到破坏，被迫转移。党组织派李双双担任陶乐县地下党支部书记，在陶乐县开展工作。后国民党当局对李双双的活动有所察觉，派人监视他的行动。同年6月，国民党陶乐县当局下令逮捕李双双。6月19日，李双双从三段地返回陶乐县，在陈家湾子被捕。李双双被捕后，敌人对他进行残酷拷打，他意志坚定，宁死不屈，丝毫未暴露党的组织情况和机密，表现了一位共产党人为党的事业英勇献身、视死如归的革命精神。李双双被敌人活活吊死在房梁上，后遗体又被扔到黄河里。李双双牺牲时，年仅38岁。1950年，李双双被党组织追认为革命烈士。1983年7月，李双双的衣冠冢被其亲属建在原陶乐县月牙湖乡境内的磨盘山，2005年8月29日，移葬于石嘴山市革命烈士陵园。

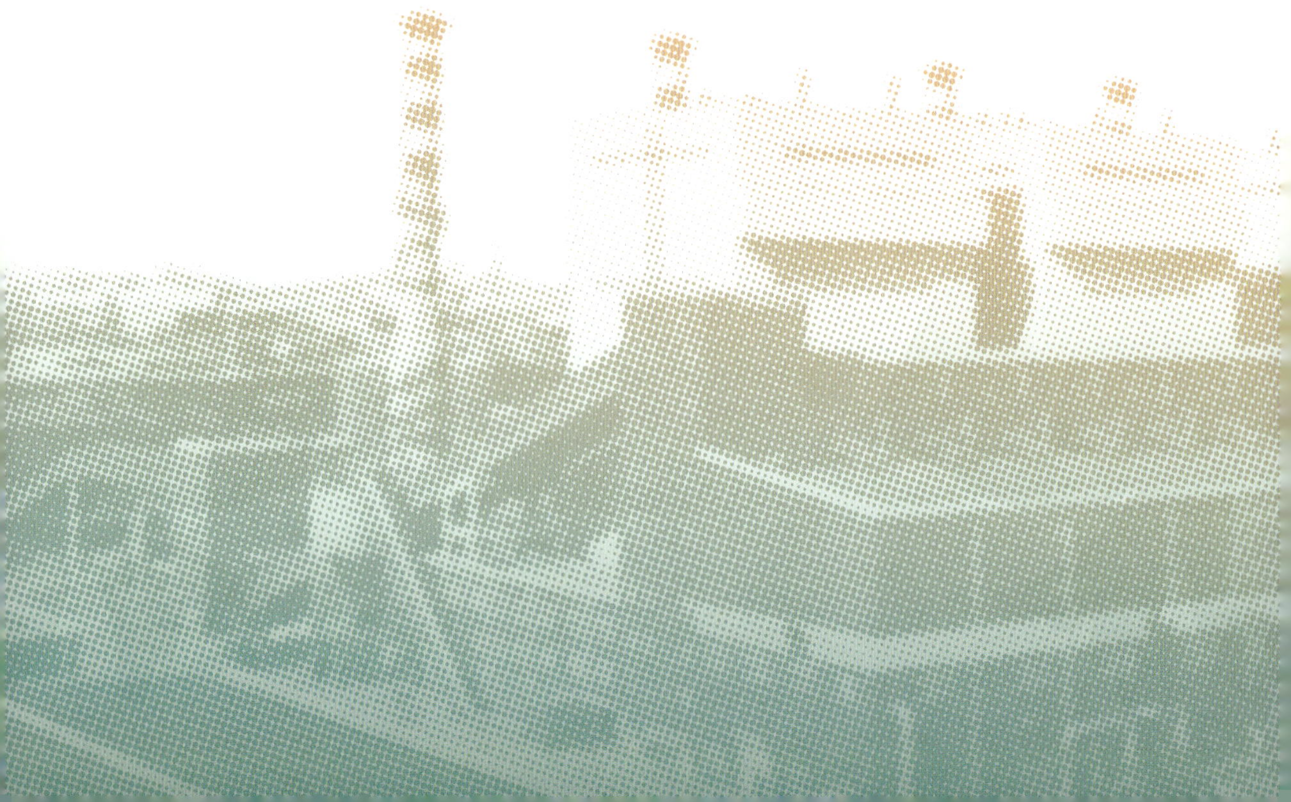

转型之路

从传统产业到科技创新
新兴产业增添发展新动能
从建设『西大滩』到乡村振兴

从传统产业到科技创新

　　石嘴山市属于因煤而建、因煤而兴后又因煤而困的典型资源型老工业城市。这里是国家"一五"时期布局建设的十大煤炭工业基地之一，

20世纪50—60年代，大批来自全国各地的建设者们在石嘴山投身工业建设

也是"三线建设"的重要布局点，还曾被誉为"宁夏工业的摇篮"——宁夏的第一吨煤、第一度电、第一炉钢等多个"第一"均诞生于此。

20世纪50—60年代是石嘴山市以煤炭工业开采生产为主要特征的经济发展时期。随着煤炭资源的开发，大批来自全国各地的建设者们告别家乡，踏上石嘴山这片热土，使得当地人口由20世纪50年代中期的6万人快速增加到60年代的30万人。这一时期，石嘴山市工农业总产值占宁夏的60%以上。

21世纪初，煤炭资源逐渐枯竭，石嘴山被列为全国第一批资源枯竭型城市之一，转型发展迫在眉睫。石嘴山化危为机，把创新作为引领发展的第一动力，推进以科技创新为核心的全面创新。持续实施科技创新"双倍增"计划，建立科技型企业梯次培育机制，推动高新技术企业、科技型中小企业、专精特新企业数量和质量"双提升"。强化协同

重大项目集中开工仪式

老工业城市产业蝶变升级

1. 宁夏天地奔牛实业集团有限公司刮板输送机
2. 宁夏天地西北煤机有限公司智能化生产线
3. 宁夏金晶科技有限公司生产车间内机械臂将成品光伏玻璃进行堆垛
4. 宁夏维尔铸造有限公司研发的"中国标准高速动车组铝合金枕梁零部件"成功应用于"复兴号"动车，改变中国高速动车组枕梁相关技术全部依赖进口的局面

创新攻关，深化产学研科技合作，推进中试基地、中试车间建设，加快科技成果转化，培育建设创新平台，重点推进新型研发机构建设，推行"揭榜挂帅""揭榜攻关"制度，一批关键技术瓶颈被突破。强化人才智力支撑，加强创新型、应用型、技能型人才培养和引进。强化体制机制创新，推进创新链、产业链深度融合。

近年来，石嘴山科学研究与试验发展（R&D）经费投入强度达

宁夏日盛精化工集团有限公司
焦废水治理，解决世界难题

防爆电机生产车间

⑤　⑥　⑦　⑧

维尔铸造创新车间

天地奔牛机械臂

1.78%，位居宁夏回族自治区前列。相继建设了国家高新区、国家农业科技园区等国家级、自治区级科技园区7个，建成稀有金属特种材料国家重点实验室、院士工作站等创新平台111个，辖区企业与中国科学院、清华大学、西安交通大学等139家院所、高校建立科技合作关系，引进各类高层次人才729人，组建科技创新团队63个，在国产替代、自主可控、首发首创方面形成一批重大创新成果。

石嘴山还建成投产建龙钢铁、恒力生物、杉杉能源、大地循环等一批投资规模大、科技含量高、带动能力强的大项目，培育打造一批"专精特新"企业和"单打冠军"。中色（宁夏）东方集团开发的超导铌材、钽铌溅射靶材等一批高新技术产品，为神舟飞船、探月工程等重大科学工程提供了重要的配套材料；神州轮胎研发的大型民用客机航空

子午线轮胎，打破国外技术的垄断；维尔铸造研制的"中国标准高速动车组铝合金枕梁零部件"，实现了国产替代进口。

目前，石嘴山市已成为中国重要的钽铌铍钛稀有金属研发生产基地、先进煤机综采装备研发制造基地和"世界氰胺之都"，走出了一条以科技创新引领老工业城市产业蝶变升级的转型之路。

鸟瞰生态美丽城市

新兴产业增添发展新动能

20世纪60年代中期到80年代初期,中央作出了"深挖洞,广积粮,备战备荒"的战略部署,在全国13个省区开展了一场以战备为指导思想的大规模国防、科技、工业和交通基础设施建设,史称"三线建设",而石嘴山市正是"三线建设"的重要基地之一。

国家按照"三线建设"的部署,将部分企业从全国各地迁移到石嘴山市安家落户,建设了西北煤机一、二、三厂,宁夏有色金属冶炼厂,西北轴承厂等重要工业企业,同时带动了石嘴山全市为煤炭生产服务的地方中小型企业的建立和发展,从而逐步形成了石嘴山煤炭重工业城市的格局。

在第三个五年计划期间,成千上万的建设者,在"备战备荒为人民""好人好马上'三线'"和"支边光荣"的时代感召下,背起背包,告别亲人,从五湖四海来到石嘴山这座荒凉贫瘠的小城。一座座工厂拔地而起,一口口矿井依山而立,滚滚乌金从这里源源不断地被运送到国内外。石嘴山成为宁夏工业的"先锋"和"摇篮",成为国家重要的煤炭工业城市。

重工业城市的建设之路

1956年

1月8日,西北煤田地质局146勘探队成立,驻经堂庙。图为地测人员在野外工作场景

1958年

石嘴山电厂筹建处

1960年

建市初期,人拉肩扛搞建设

石嘴山电厂建设工地

石嘴山钢铁厂建设工地

1961年

2月,石嘴山二矿地面生产系统

1975年

乌兰矿发出的第一列运煤列车

1983年

太西洗煤厂厂房拔地而起

建设者们扎根石嘴山

01 1964年年底,冶金部决定建设冶金部905厂和第三有色金属研究所,将北京有色金属研究总院的大部分室、所搬迁到石嘴山进行钽铌铍的研究和生产。

02 1965年,石嘴山钢铁厂扩建,鞍山钢铁公司、天津市冶金局、本溪钢铁厂支援了大批干部、技术人员和机器设备。

03 1965年,国家批准成立贺兰山煤炭工业公司,该公司受煤炭部直接管理,人员来自黑龙江、甘肃、四川等地。

04 1966年,在石嘴山兴建西北煤矿机械厂,生产煤矿井下回采工作面运输设备、金属结构产品和防爆电动机,分别从张家口、淮南、抚顺等煤矿机械制造厂抽调干部、工程技术人员和工人1400多人。

来自五湖四海的建设者

"三线建设"是我国西部开发史上一部气吞山河的史诗,"三线建设"使得石嘴山市初步形成了现代化的工业体系,经济社会发展步伐因"三线建设"而加快。在"三线建设"中,一大批企业、科研单位迁建,给石嘴山市带来了大批专业技术人员和大量先进的科技设备。钢铁、煤机、有色金属等产业加速推进了石嘴山市城镇发展的进程,也为改革开放后的石嘴山市奠定了坚实的物质和人才基础。此后,"三线建设"所留下的工业遗产资源,极大地丰富了石嘴山市文化旅游产业的产品与服务体系。

　　改革开放后,虽然煤炭资源的减少和国际国内产业转型加大了市

2023年

第一产业增加值 42.53 亿元,增长 7.4%

第二产业增加值 371.83 亿元,增长 4.2%

第三产业增加值 284.62 亿元,增长 2.9%

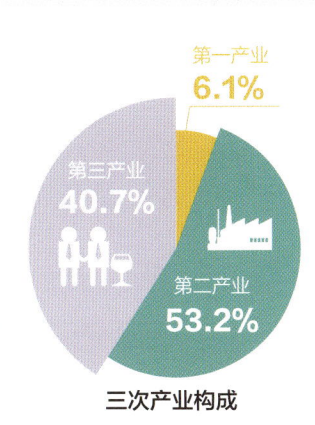

三次产业构成
第一产业 6.1%
第二产业 53.2%
第三产业 40.7%

全部工业增加值 319 亿元
比上年增长 3.3%

R&D经费投入强度达到 1.78%

场竞争的难度，但石嘴山市一直坚持工业强市、产业兴市，精准做好"调、转、控、引、培"五篇文章，传统产业逐渐转型升级，工业发展实现了质的稳步提升和量的合理增长。

江苏润阳光伏材料及电池产业科技园项目、东方希望集团年产12.5万吨级晶硅配套14.5万吨工业硅项目等一批重大项目在石嘴山建成投产，全国小微企业创业创新基地示范城市顺利通过国家验收，老工业基地调整改造和产业转型升级工作被国家发展改革委通报表扬。

如火如荼的项目建设现场

2023年

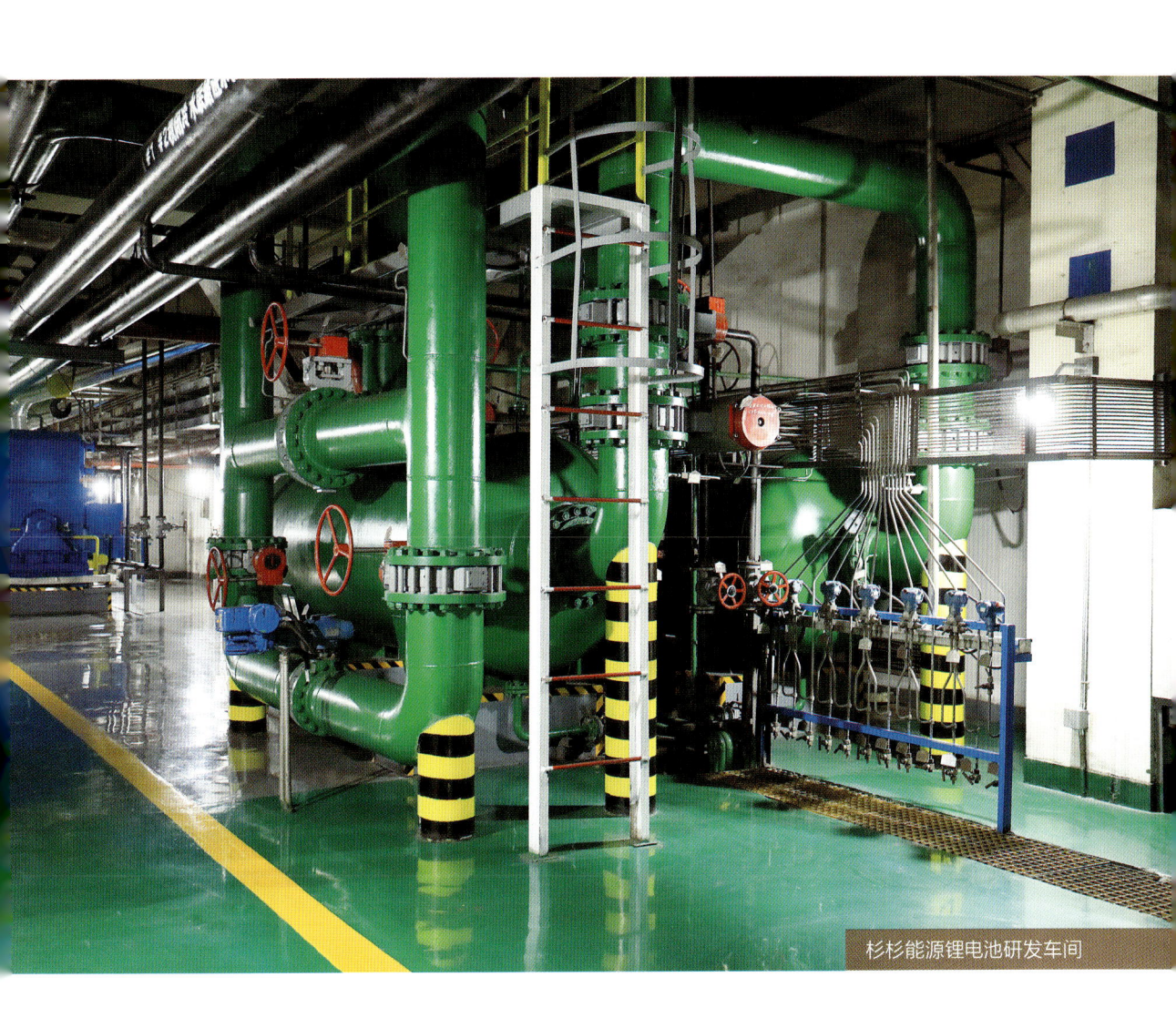

规模以上工业企业 **374** 家

工业投资占全市固定资产投资比重为 **71.6%**

杉杉能源锂电池研发车间

从建设"西大滩"到乡村振兴

根据党中央决定，1952年8月，中国人民解放军西北独立第一师改编为农业建设第一师，开赴石嘴山境内平罗西大滩一带33万亩的荒

滩，创建了军垦农场——国营前进农场。1955年11月，农业建设第一师官兵集体转业，三个团的官兵分别成为国营前进农场一、二、三场的员工。农场后经合并，至1974年7月1日，国营前进农场改建为宁夏国营前进农场，隶属宁夏回族自治区农垦局。

国营前进农场创业初期，全师官兵因陋就简，以场为家，在盐碱荒滩上挖地窝、搭帐篷，开垦荒地。他们战严寒、斗酷暑，开沟挖渠，修路造田，耕耘播种，用辛勤的劳作、顽强的拼搏和忠诚的奉献，铸就了一座不朽的精神丰碑。70余年来，几代西大滩农垦人把荒芜贫瘠的土地变成了万顷良田，宁夏国营前进农场也成为宁夏机械化程度最高的农场。

近年来，石嘴山市以粮油、畜禽肉、乳品、瓜菜、葡萄酒、枸杞等绿色食品加工为重点，形成了以优质粮食、草畜、瓜菜、制种、生态水产、枸杞和酿酒葡萄产业为主导的现代农业体系。坚持品牌引领，引

希望的田野

导支持绿色食品企业融入"宁夏大米""宁夏菜心""珍硒石嘴山"等区域公用品牌。石嘴山市发挥"大武口凉皮""黄渠桥羊羔肉"国家地理标志产品示范带动作用，着力培育了一批市场信誉度高、影响力大的区域公用品牌、企业品牌和产品品牌。"贺东庄园""西御王泉"等8个知名葡萄酒品牌，先后在布鲁塞尔国际酒类大奖赛、柏林葡萄酒大赛等国

际大赛中获得多个顶级大奖,"贺东"葡萄酒先后获得中国红酒十大品牌、宁夏名牌产品、自治区第十届著名商标等荣誉。宁夏实民粮油食品有限公司富硒面粉、宁夏宁羊农牧发展有限公司富硒肉羊等产品获得富硒农产品方圆认证。"塞上春"和"乐海山"系列农产品已有11个获得绿色食品标志使用许可。

宁夏瑞丰源牧业有限公司转盘式挤奶大厅

贺东葡萄酒小镇

　　石嘴山市坚持绿色、生态、循环发展理念，创建标准化绿色生产基地，为绿色食品加工提供优质安全的原料来源，夯实绿色食品产业发展基础，已形成河东现代奶业示范区、宝丰羊业小镇、姚伏番茄之乡等绿色食品原料基地，新引进绿色食品加工企业4家，新培育自治区级龙头企业11家。"西御王泉""嘉禾花语"等农产品加工企业通过谋划发

简泉村

展休闲农业观光旅游，扩大酿酒葡萄、玫瑰花种植面积，筹划建设休闲旅游文化展示区、游客集散中心等，带动绿色食品产业融合发展。

石嘴山市还着力培育打造"宜居宜业宜游"升级版美丽乡村，龙泉村、银河村、马家湾村、东永固村、简泉村等分获中国美丽乡村、全国乡村旅游重点村、全国"一村一品"示范村镇等荣誉称号。

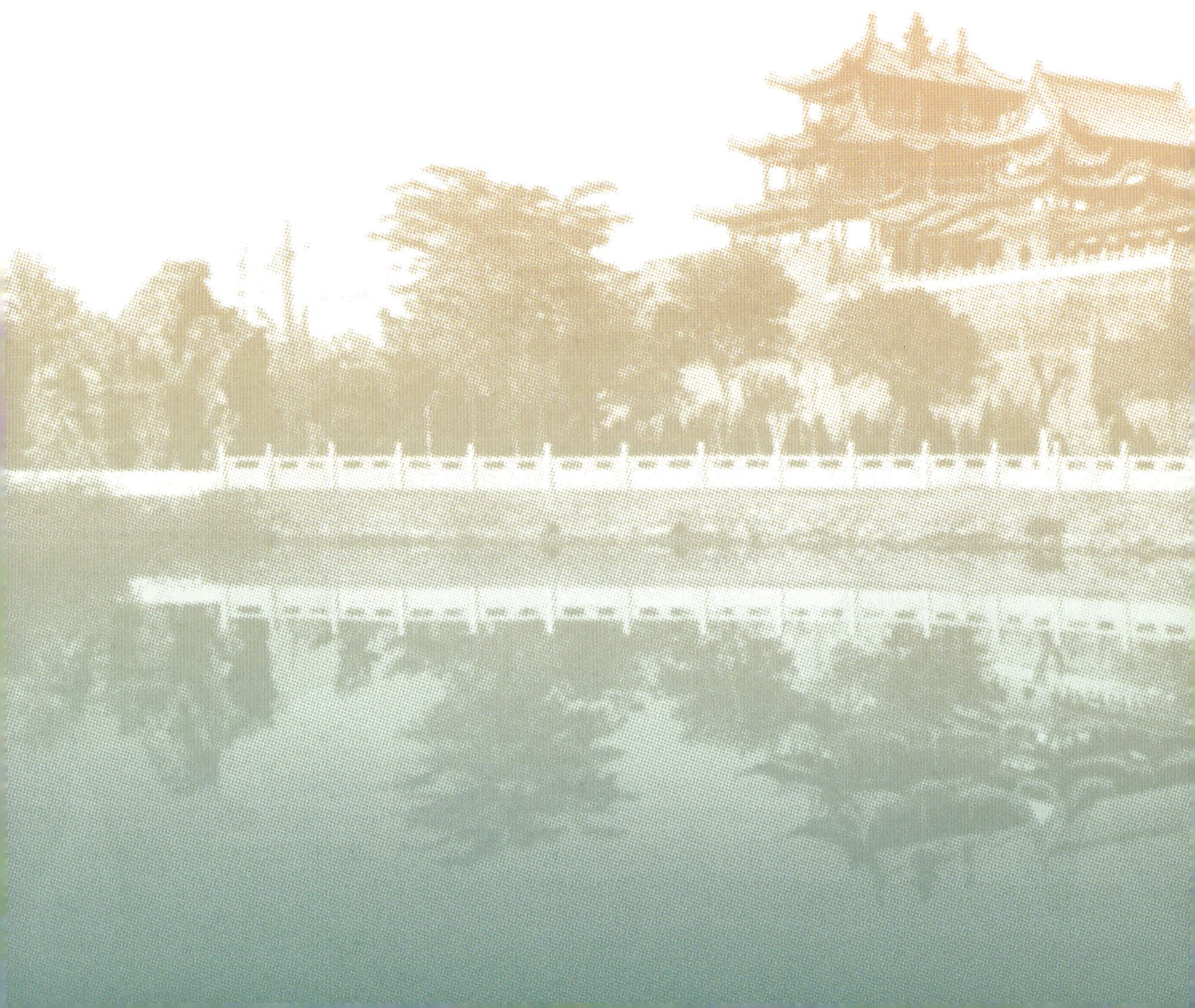

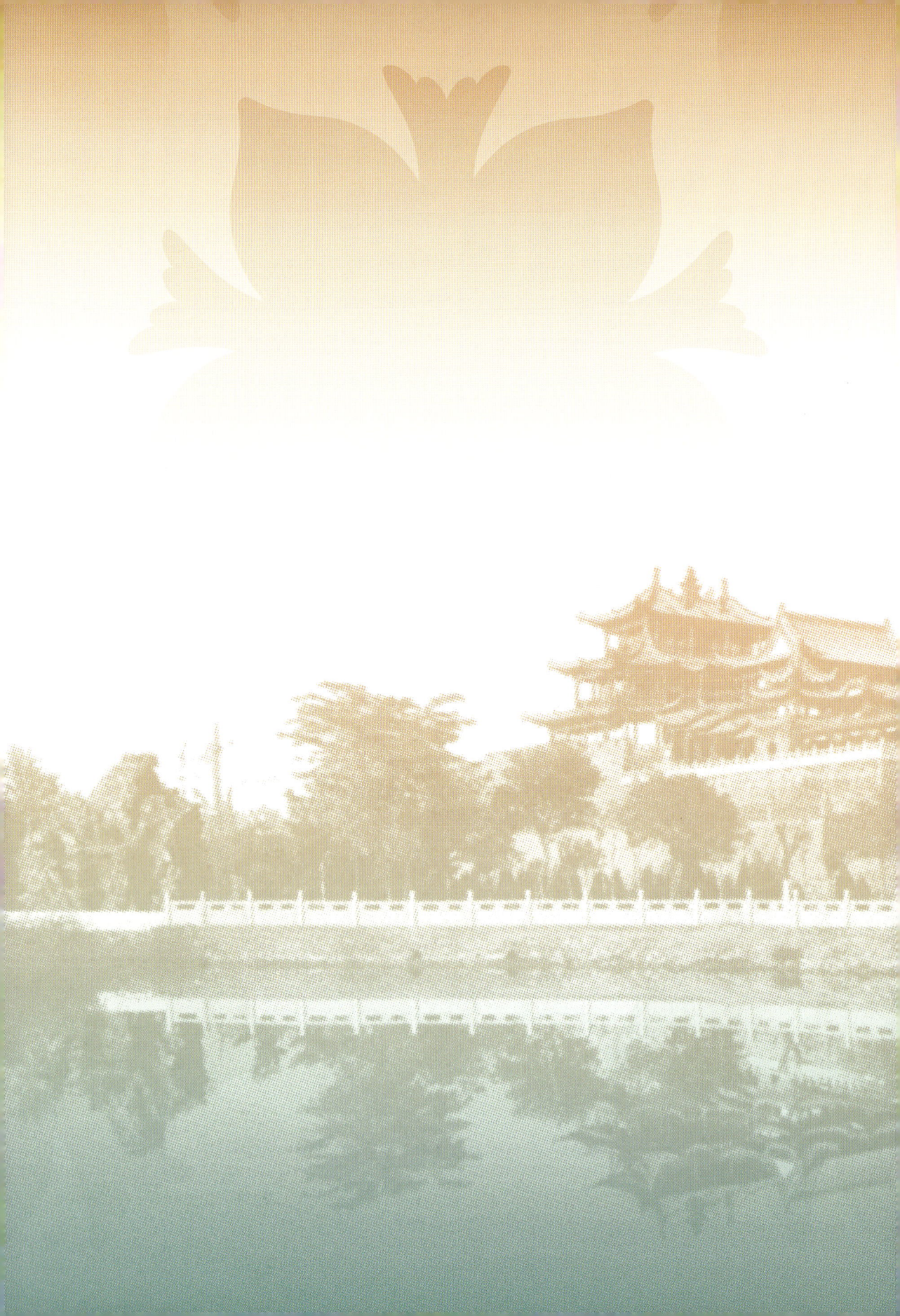

文物古迹

边墙晚照
古刹武当
玉皇高阁
钟鼓遗音
田州古塔
古桥神韵

边墙晚照

　　石嘴山市西北部的贺兰山为中原王朝在北部设防的重要地带，以"塞上锁钥"著称。明王朝曾在此设立军事屏障，现存的几段明长城遗址就是这段历史的证明。

　　边墙，指在石嘴山境内修筑的长城。石嘴山市现存西长城、北长城、旧北长城（含陶乐长堤）等几条骨干边墙，它们是明王朝为防御蒙古部落的侵扰而修建的。

　　西长城，古称"边防西关门墙"，修筑于明弘治元年（1488年）以前，南起甘肃靖远芦沟界，在贺兰山韭菜沟进入石嘴山地区后，沿贺兰山东麓北上，越郑官沟，到贺兰山扁沟与旧北长城相接。

　　北长城，修筑于明嘉靖十年（1531年），由沙湖西至贺兰山枣儿沟，古称"边防北关门墙"。这段长城虽经几百年的雨水冲刷，但是依然被较好地保存了下来，雄立在塞上大地。

　　旧北长城，修筑于明朝洪武至弘治年间，俗称"红果子长城"。眺望红果子长城，犹如一条巨龙从黄河中跃起，向贺兰山蜿蜒奔腾而来。

雨后雄关

它跃上山脊，在扁沟旁的山嘴将头颅高高昂起，此处建有一座烽火台。

　　明朝修筑边墙后，边界摩擦逐步减少，边防驻地军民过上了安居乐业的生活。清朝后期，长城的战略防御作用日趋弱化，边墙逐渐变为

1 石嘴山市境内明长城关隘遗址
2 石嘴山市境内大水沟段长城遗迹
3 石嘴山市境内明长城遗址

景点。至清道光年间,"边墙晚照"已成为平罗古八景之一。任平罗知事的郭鸿熙在《边墙晚照》一诗中写道:"锋镝销熔战垒空,断砖零落野花红。村农倦倚苔垣坐,闲话桑麻夕照中。"

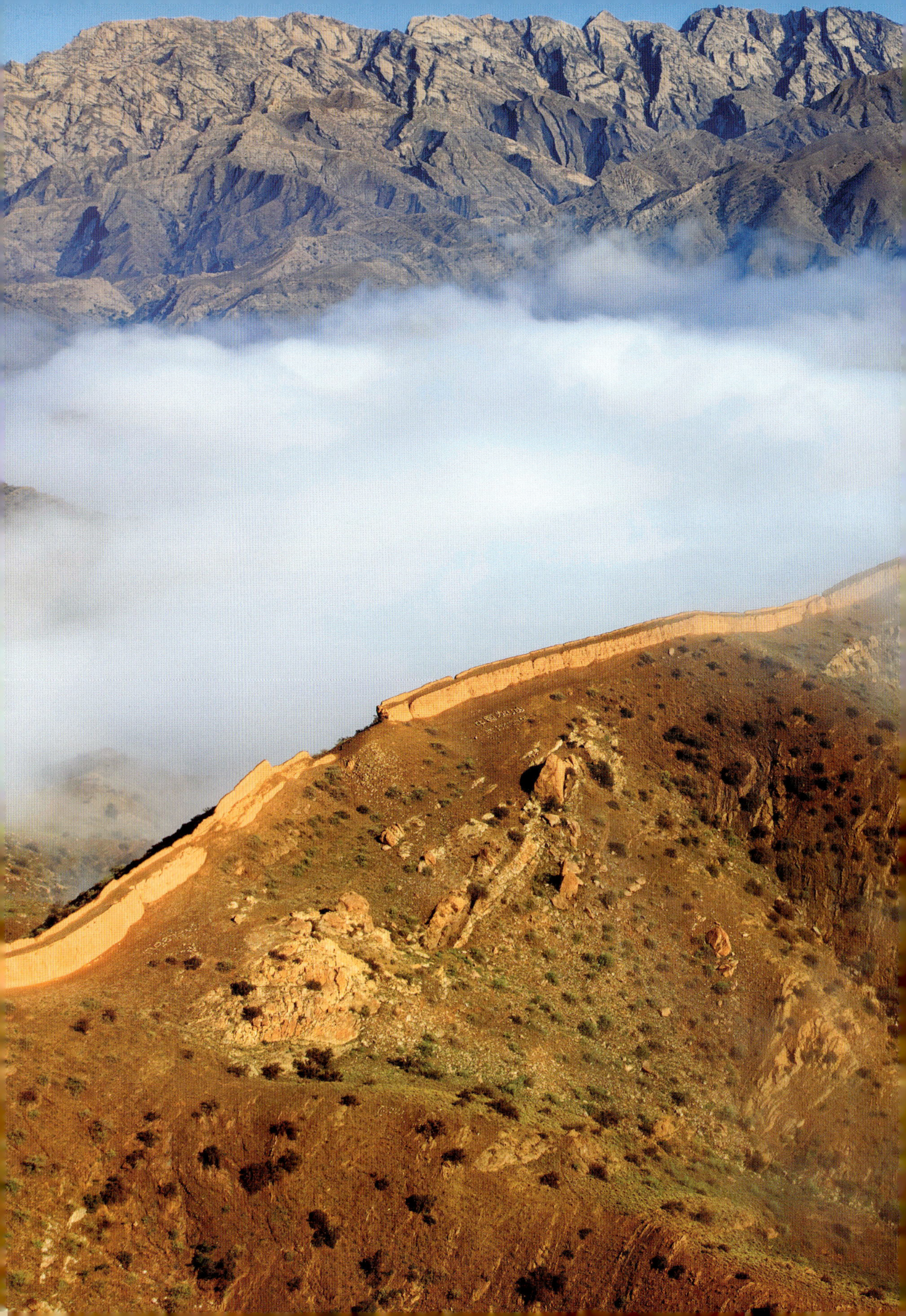

雾笼长城

古刹武当

在大武口区西北 3 千米处的山坡上有一座北武当庙，因慈禧太后曾钦书"护国寿佛禅寺"，故该庙又被称为寿佛寺。

北武当庙是儒、释、道三教合一的寺庙，有"山林古刹、西夏名兰"的美誉。该庙北靠群山、南望平川，是一处凝聚数代人心血与智慧而建造的寺庙建筑群。该庙经历多次损毁和修复，至如今成为一处集山、林、庙、地质遗址等于一体的综合性旅游景区。

从市区眺望北武当庙，重峦叠嶂，多宝塔耸立于庙宇之间。有人说，北武当庙的建筑布局，不像平罗玉皇阁那样渐次升高，也不像中卫高庙那般独特，而是在水平线上慢慢铺陈开来，追求一种舒展与广阔的境界，使其安然静立于三面群山之中。几百年来，庙内殿宇亭阁在历史的风雨中矗立依然。庙内塑像形态各异，栩栩如生。置身其间，亭阁风铃叮当作响，令人顿觉空灵。

北武当森林公园

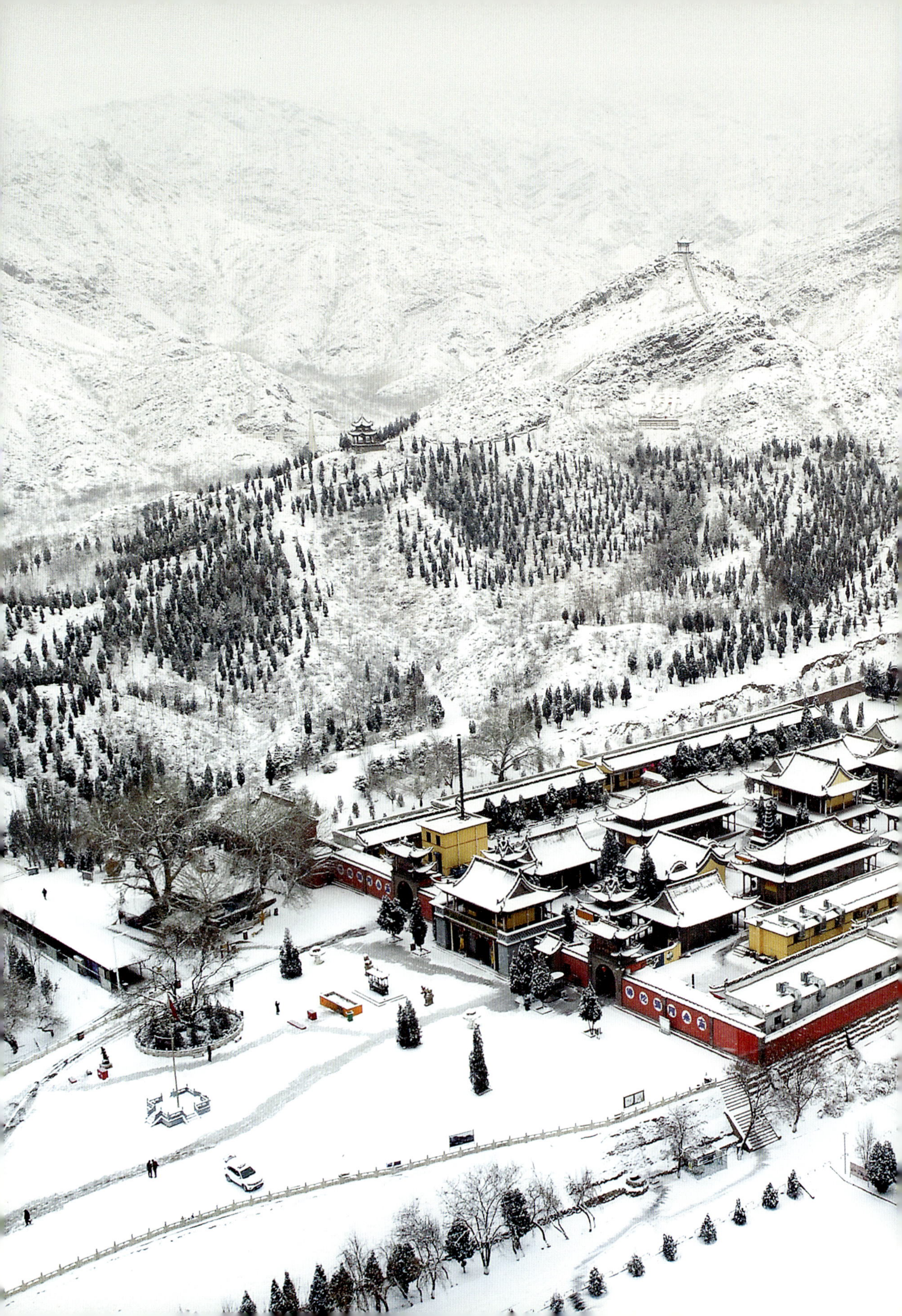

雪中北武当

玉皇高阁

位于平罗县城的玉皇阁,是宁夏目前保存的最大的古建筑群、西北地区最大的道教寺庙之一,被誉为"西北第一阁"。

现存的玉皇阁建筑群是自明永乐年间建城隍殿始,经清光绪元年

（1875年）及1939年续修而成的。整座建筑虽不是同时期、同一工匠设计修建的，却风格统一、造型独特、规模宏大、结构规整。建筑群现占地面积4200平方米，坐北朝南，南北长105米，东西长40米，分为4级，由南向北渐次升高。最高的建筑单体是三母殿，其高出地面约26米。该建筑群包括城隍殿、观音殿、娘娘殿、三清殿、三母殿、玉皇殿、洞宾殿、文昌阁、关帝阁、无量殿等16座殿宇楼阁，是一个高楼气势宏伟，小阁玲珑剔透，建筑群内单体皆有廊桥连通的古代建筑群。此外，所有殿宇雕梁画栋，或雕刻花卉兽禽，或彩绘山水人物，笔法洗练，功底深厚，是古代建筑装饰艺术的瑰宝。楼阁飞檐翘指苍穹，似雄鹰展翅欲飞，若是清风徐来，檐角悬挂的铜铃便发出清脆悦耳的声音。

经历历史的浮沉与兴衰，玉皇阁在阳光的照耀下弥漫着古朴与沧桑的基调。登上玉皇高阁，凭栏远眺，高楼林立的城市、沃野千里的良田……塞上美景尽收眼底。

玉皇高阁

钟鼓遗音

平罗钟鼓楼始建于明嘉靖年间，距今约500年。平罗钟鼓楼历经沧桑，曾在清乾隆三年（1739年）毁于大地震，宣统三年（1911年）又遭焚毁。1912年，新钟鼓楼由绅士高登第负责修建。如今，这座钟鼓楼已成为平罗县的旅游胜地。登楼凭栏，眺望全城，如画风景，尽收眼底。

钟鼓楼台基高4米，楼高11米，其门洞俗称鼓楼洞。钟鼓楼所有的楼门、廊檐和窗棂都装饰有山水、花卉树木、飞禽走兽、人物等彩绘，内容丰富，生动形象。

整座建筑结构严整，造型独特，错落有致。

一层名曰"洞宾殿"，内塑吕洞宾泥像，相传为道教徒所供奉。

二层名曰"财神阁"，内塑财神赵公明泥像。其像墨面浓须，头戴铁冠，手执钢鞭，身跨黑虎，故又称"黑虎玄坛"。相传是道教徒为祈求安康、广开财源而设。

三层殿顶形制别具一格，有八根过梁呈"人"字形伸向楼尖，称为"八仙庆寿顶"。

平罗钟鼓楼

田州古塔

"遥对兰山沐雪寒，雷轰电露独安然。沧桑阅尽迎春色，利剑磨成向春天。"这是众多描写田州古塔的诗词佳作中最为贴切的一首，寥寥数语，却好似道尽了田州塔的前世今生。

田州塔，俗称姚伏塔，位于平罗县姚伏镇。古塔取名田州塔，与唐、西夏时"田州"地名有关。据考证，古田州就是唐朝定远城、西夏定州城的俗称。唐、西夏皆为佛教盛行之期，曾大兴土木修庙建塔。田州塔饱经沧桑，经历了大小百余次地震。清乾隆三年（1739年），平罗地区发生强烈地震，平罗县城、宝丰县城及古塔附近的新渠县城全部被震毁，田州塔也没能幸免。乾隆四十八年（1783年），古塔震后重修。如今，田州古塔仍完好地矗立在万顷良田之上，掩映于千株绿树之中，静观这盛世繁华。

田州塔由青砖砌就，结构严整，造型挺拔素雅，在底层屋檐下垂莲柱间有花卉、佛像等雕刻，工艺精湛，具有很高的历史文化价值和研究价值。古塔底层的南北门上均有对联，南门对联为"一柱

田州古塔

撑天东带黄河明献瑞，孤标拔地西屏兰岳秀争辉"，北门对联为"凌霄矗庄严陟处仰窥觉路，冲汉饶色相登来俯视迷津"。两副对联对仗工整、气势磅礴，精准地描绘出田州塔拔地而起、力擎苍天的气势，以及东以黄河为带、西以贺兰为屏的古塔所在地阔大雄伟的意境。

古桥神韵

黄渠桥镇地处银川北部交通要道，地理位置特殊，文化底蕴深厚，镇名源于坐落在惠农渠上的通润桥。惠农渠是清雍正年间建成的灌溉大渠，因渠水引自黄河，呈金黄色，当地百姓便俗称其为黄渠，进而将通润桥也更名为黄渠桥。

黄渠桥

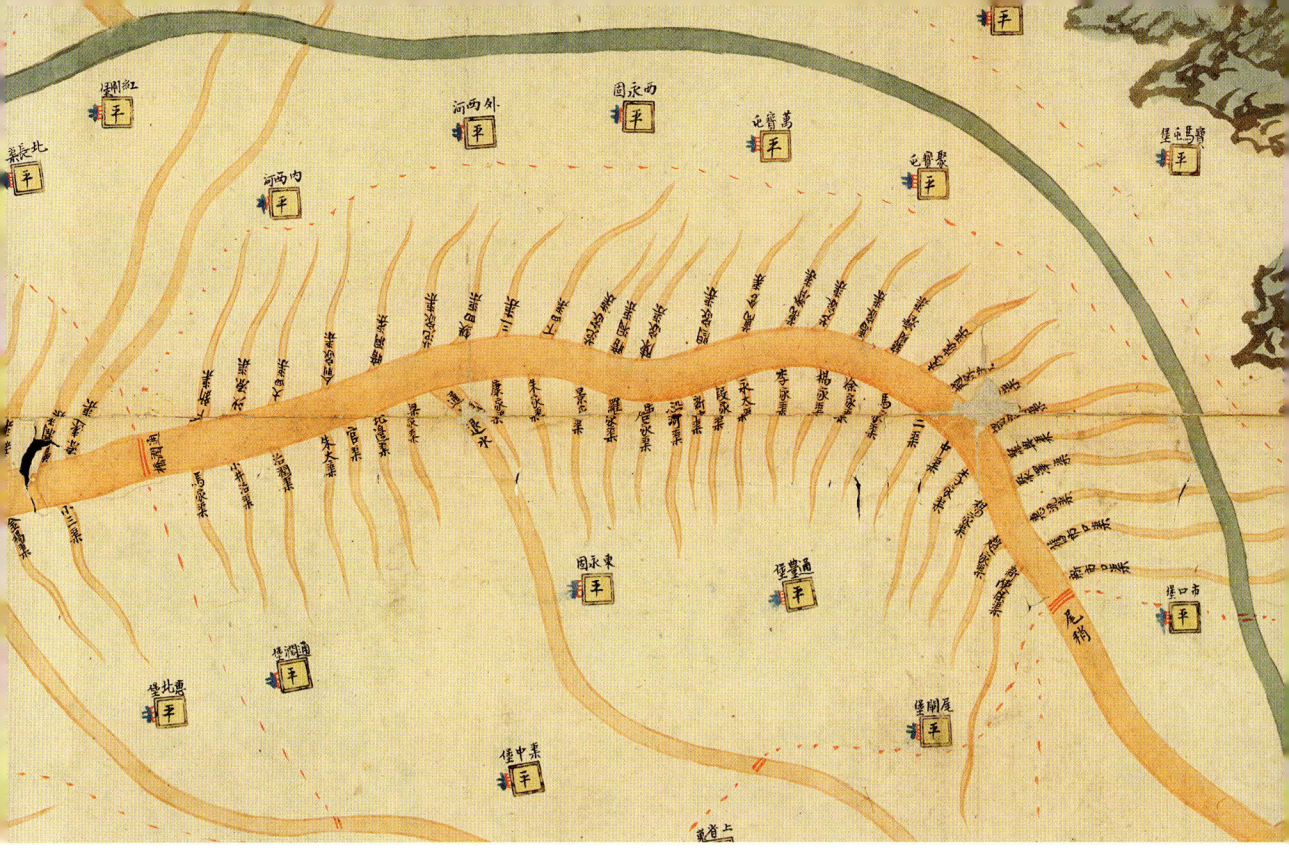

清时期《宁夏河渠图》（局部） 这幅图长3.05米、宽1.17米，主要府城、堡寨、闸房、桥梁、渠口及其县属道路等均有标注，各条干渠、支渠及湖泊水系跃然纸上。该图自西向东翔实地绘制了唐徕渠、大清渠、汉延渠、惠农渠、昌润渠、秦渠、汉渠7条干渠，标注各大干渠的支渠名称近千条，跨渠桥梁40余处。其中，在此局部图左侧可见通润桥

黄渠桥因村落而建桥、因桥而成乡镇已有300年的历史。冯玉祥、刘伯坚率部援陕的部队曾走过这座桥，著名新闻工作者范长江曾在这座小桥上驻足，他如实报道了红军长征的情况，写出了《中国的西北角》等著名篇章。1938年4月，中共宁夏工委书记杨一木在黄渠桥镇建立了第一个党支部——中共黄渠桥党支部，这是抗日战争时期中共在宁北地区建立的第一个党的基层组织，有党员5人，杨一木任支部书记。在黄渠桥小学进步师生的支持下，杨一木组织抗日战地后方服务团，开展了轰轰烈烈的抗日宣传活动，足迹遍及黄渠桥周边的石嘴山、宝丰、平罗等地。如今，黄渠桥镇已成为红色旅游经典景区、爱国主义教育基地（黄渠桥革命传统教育基地）和国防教育基地。

大武口区

1. 巴沟烽火台遗址
2. 马莲沟烽火台遗址
3. 巴沟西烽火台遗址
4. 小黑沟烽火台遗址
5. 西沟门子岩画
6. 白芨沟岩画
7. 杏花村岩画
8. 黑石峁岩画
9. 清水沟烽火台遗址
10. 梁山烽火台遗址
11. 桑树窑岩画
12. 三岔口岩画
13. 小干沟岩画
14. 转弯口岩画
15. 干沟墓群
16. 吕圈门岩画
17. 三棵松岩画
18. 黑石墙岩画
19. 韭菜沟摩崖塔
20. 韭菜沟岩画
21. 武胜烽火台遗址
22. 大枣沟摩崖塔
23. 黄崖遗址
24. 大枣沟遗址
25. 清水沟遗址
26. 大武口城址
27. 红石梁东烽火台遗址
28. 郑官沟东烽火台遗址
29. 边东北烽火台遗址
30. 枣注沟遗址
31. 山东烽火台遗址
32. 沟东烽火台遗址
33. 玉泉沟烽火台遗址
34. 山西烽火台遗址
35. 坟坡烽火台遗址
36. 临山堡址
37. 郑官沟烽火台遗址
38. 沟西烽火台遗址
39. 韭菜沟西烽火台遗址
40. 郑官沟西烽火台遗址
41. 郑官沟南烽火台遗址
42. 沟南烽火台遗址
43. 红石梁东南烽火台遗址
44. 边北烽火台遗址
45. 边东烽火台遗址
46. 沟东南烽火台遗址
47. 小东沟烽火台遗址
48. 坟东坡烽火台遗址
49. 韭菜沟东烽火台遗址

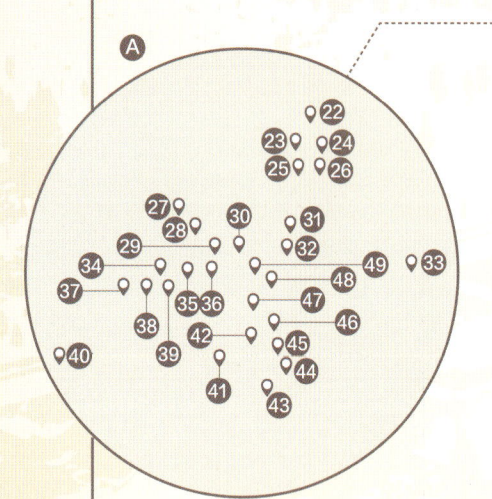

石嘴山市　地级行政中心
平罗县　县级行政中心
渠口乡　乡级行政中心
文物遗址

惠农区

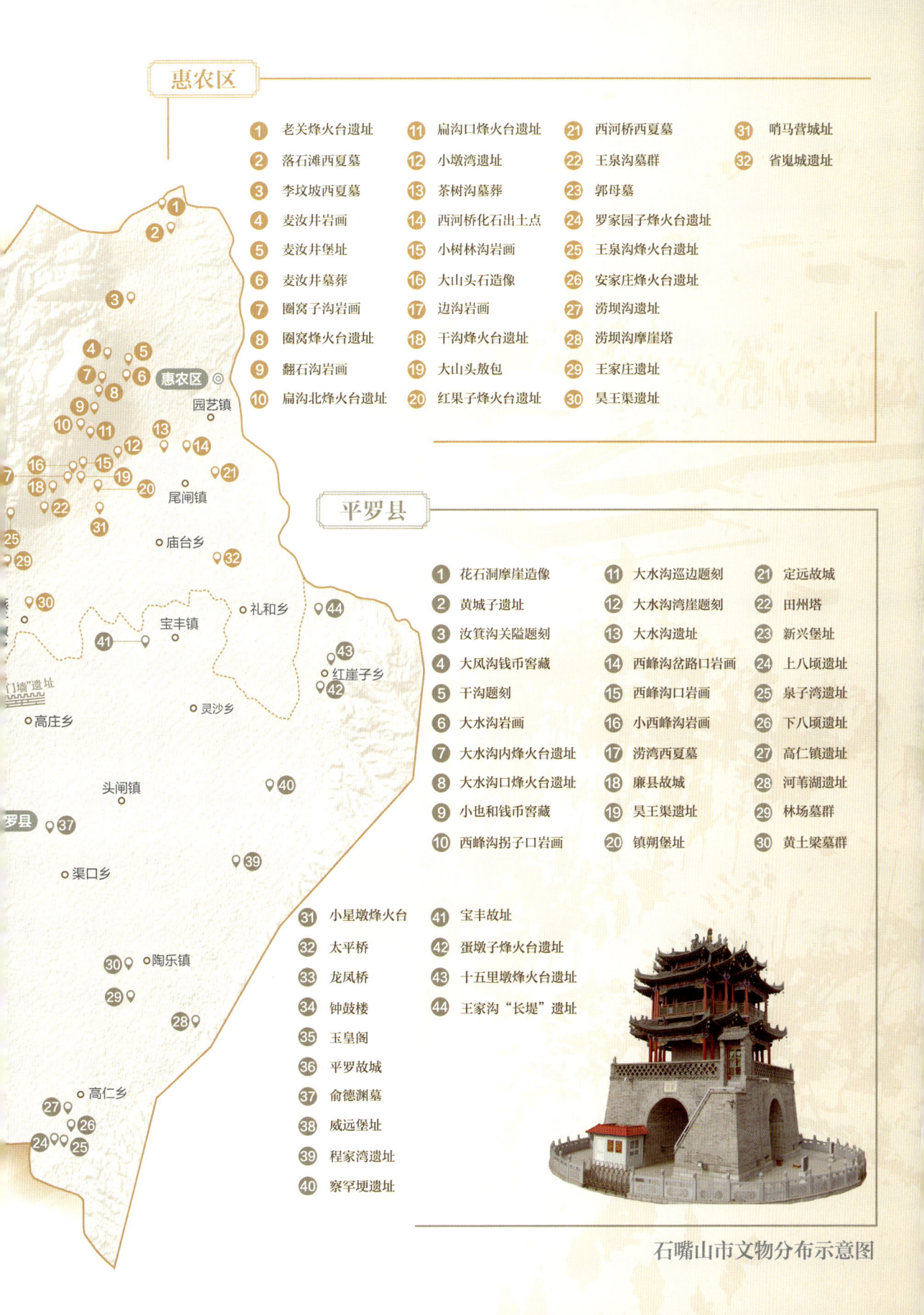

1. 老关烽火台遗址
2. 落石滩西夏墓
3. 李坟坡西夏墓
4. 麦汝井岩画
5. 麦汝井堡址
6. 麦汝井墓葬
7. 圈窝子沟岩画
8. 圈窝烽火台遗址
9. 翻石沟岩画
10. 扁沟北烽火台遗址
11. 扁沟口烽火台遗址
12. 小墩湾遗址
13. 茶树沟墓葬
14. 西河桥化石出土点
15. 小树林沟岩画
16. 大山头石造像
17. 边边岩画
18. 干沟烽火台遗址
19. 大山头敖包
20. 红果子烽火台遗址
21. 西河桥西夏墓
22. 王泉沟墓群
23. 郭母墓
24. 罗家园子烽火台遗址
25. 王泉沟烽火台遗址
26. 安家庄烽火台遗址
27. 涝坝沟遗址
28. 涝坝沟摩崖塔
29. 王家庄遗址
30. 昊王渠遗址
31. 哨马营城址
32. 省嵬城遗址

平罗县

1. 花石洞摩崖造像
2. 黄城子遗址
3. 汝箕沟关隘题刻
4. 大风沟钱币窖藏
5. 干沟题刻
6. 大水沟岩画
7. 大水沟内烽火台遗址
8. 大水沟口烽火台遗址
9. 小也和钱币窖藏
10. 西峰沟拐子口岩画
11. 大水沟巡边题刻
12. 大水沟湾崖题刻
13. 大水沟遗址
14. 西峰沟岔路口岩画
15. 西峰沟口岩画
16. 小西峰沟岩画
17. 涝湾西夏墓
18. 廉县故城
19. 昊王渠遗址
20. 镇朔堡址
21. 定远故城
22. 田州塔
23. 新兴堡址
24. 上八顷遗址
25. 泉子湾遗址
26. 下八顷遗址
27. 高仁镇址
28. 河菪湖遗址
29. 林场墓群
30. 黄土梁墓群
31. 小星墩烽火台
32. 太平桥
33. 龙凤桥
34. 钟鼓楼
35. 玉皇阁
36. 平罗故城
37. 俞德渊墓
38. 威远堡址
39. 程家湾遗址
40. 察罕埂遗址
41. 宝丰故址
42. 蛋墩子烽火台遗址
43. 十五里墩烽火台遗址
44. 王家沟"长堤"遗址

石嘴山市文物分布示意图

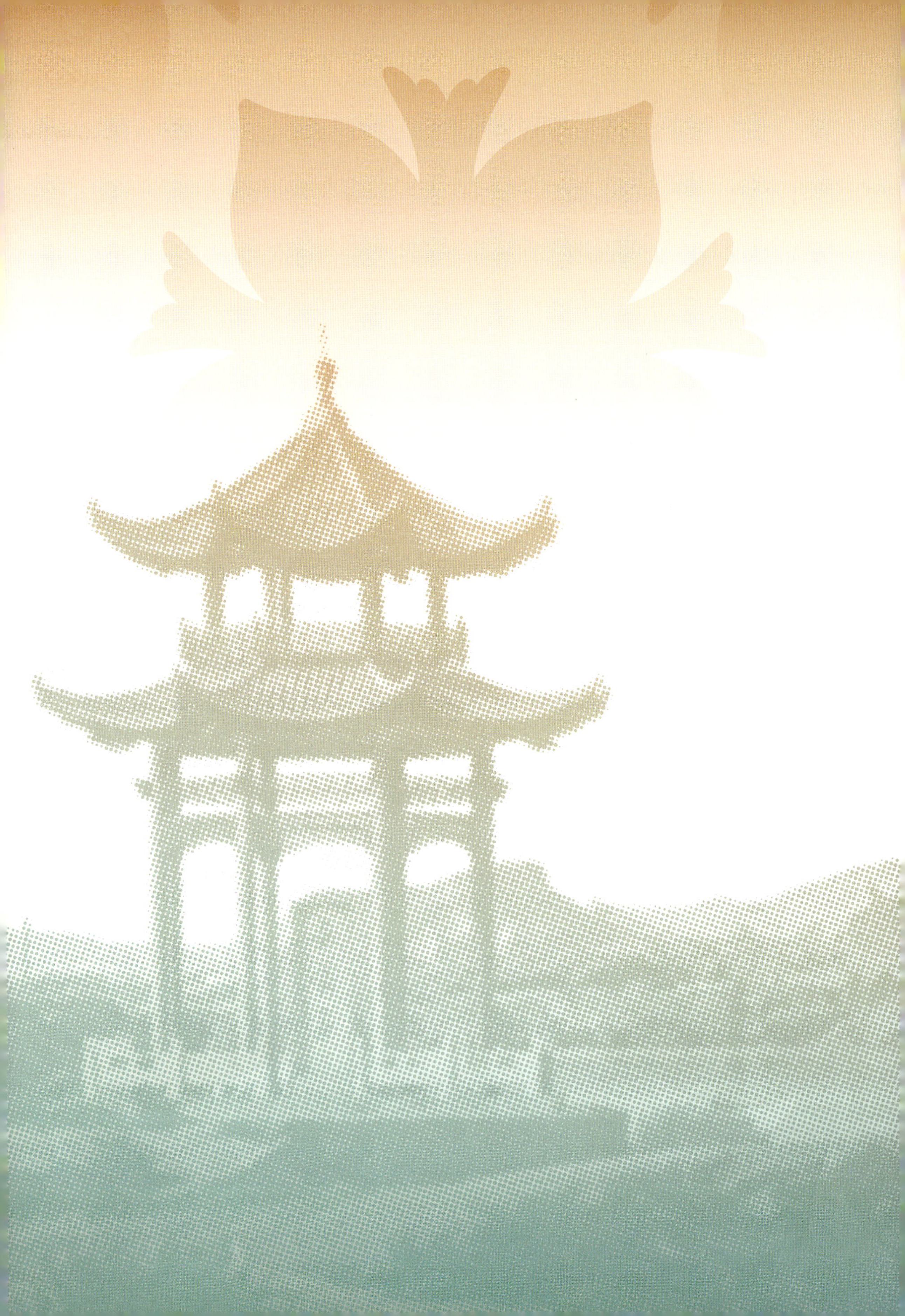

山水交织

「父亲山」——贺兰山
「母亲河」——黄河
灵韵湖城
华夏奇石山
公园城市
贺兰山谷
塞上乡愁
休闲农业

"父亲山"——贺兰山

贺兰山位于宁夏回族自治区与内蒙古自治区交界处,北起巴彦敖包,南至毛土坑敖包及青铜峡,南北长220千米,东西宽20~40千米。贺兰山南段山势平缓,三关口以北的山势较高,海拔多在2000~3000米。

贺兰山山势雄伟，若群马奔腾。蒙古语称骏马为"贺兰"，贺兰山故此得名。主峰敖包疙瘩，海拔3556.1米。

贺兰山是中国少有的南北走向的山脉之一，是我国重要的自然地理分界线和西北重要的生态安全屏障，山地东西不对称，西侧坡度和缓，东侧以断层临银川平原，挡住了来自腾格里沙漠的风沙和来自西伯利亚的寒流，阻止了潮湿的东南季风西进，东南季风在此形成了难得的降雨。人们常说，没有贺兰山，就没有宁夏川。如果说黄河像母亲一样滋润着这片土地，那贺兰山就如同父亲一般，用自己巍峨的身躯抵御寒流、阻挡风沙，默默守护着这片家园。

贺兰山北段煤藏丰富，中华人民共和国成立后，开始大规模建设贺兰山煤炭工业基地。20世纪50年代建成通车的包兰铁路，有支线从平罗延伸至贺兰山的汝箕沟。

在社会主义革命和建设时期，贺兰山煤炭资源在为中国经济发展作出

贺兰山云海

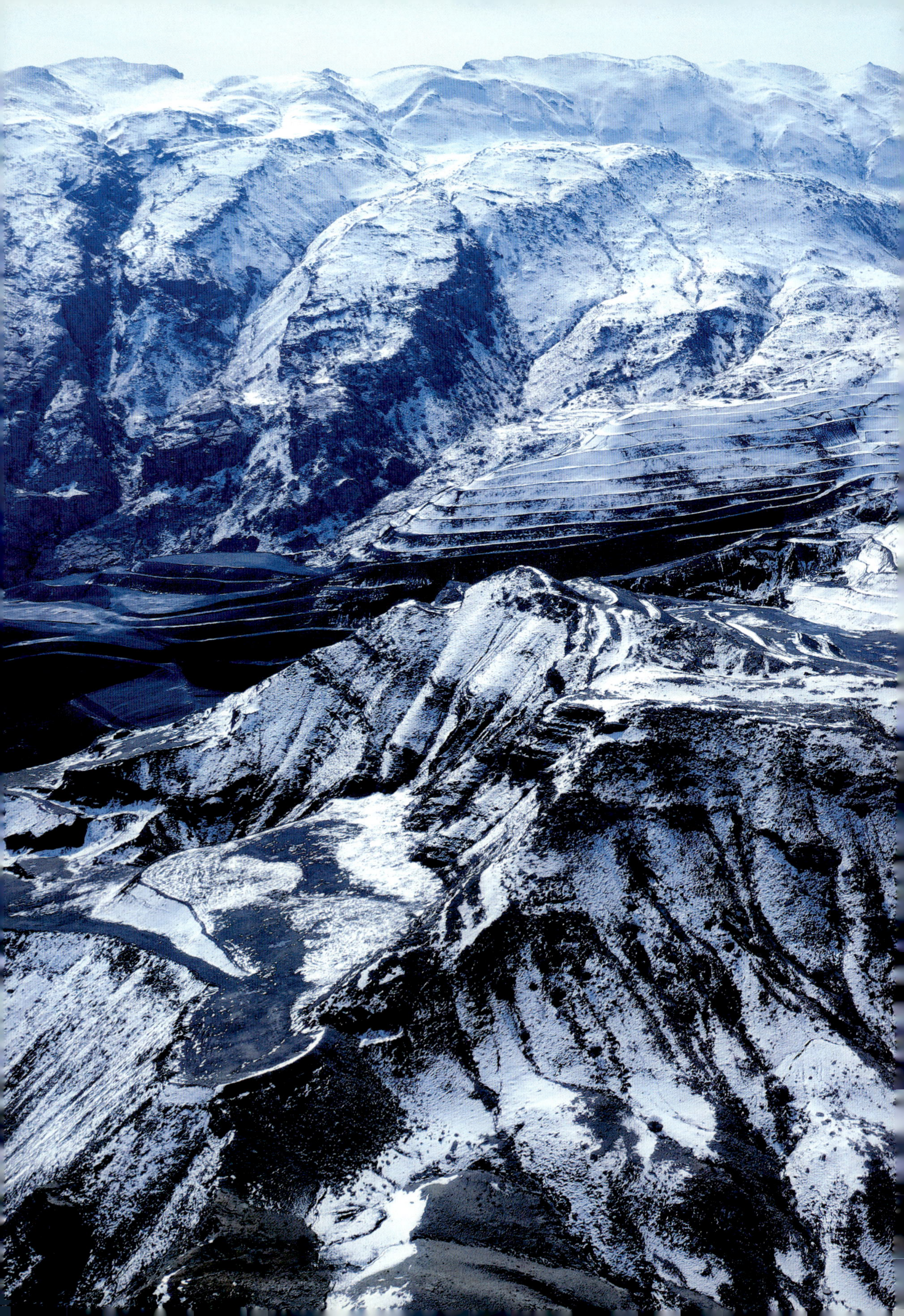

贺兰山雪景美如画

贺兰山生态修复治理

巨大贡献的同时，大规模的开采活动也让"父亲山"伤痕累累，加之部分山体延续300多年的煤层自燃难以扑灭，使这里的生态系统遭到严重破坏。进入新时代后，石嘴山市深入贯彻落实习近平生态文明思想，坚决扛起建设黄河流域生态保护和高质量发展先行区的时代重任，用心守护贺兰山。

经过不懈努力，贺兰山昔日渣石成山、尘土飞扬的恶劣环境一去不复返，黑、脏、乱、差的状况实现根本性好转，生态环境质量得到极大改善，生物多样性逐年丰富。截至2022年8月，主要野生动物岩羊、马鹿等生物种群数量分别已有近4万只和3000头，且活动范围不断扩

贺兰山林草植被逐年递增

1 石嘴山市以壮士断腕的决心打响贺兰山生态整治战役。

2 石嘴山市启动实施贺兰山生态修复治理工作，累计依法关闭、退出煤矿39家、非煤矿山61家、涉煤企业582家，退出煤炭产能2000万吨。

3 石嘴山市累计完成生态修复面积达146平方千米，造林绿化近万亩，辐射开展人工播撒草籽177平方千米，贺兰山林草植被明显增加，生态服务功能得到恢复，贺兰山整体生态环境不断向好。

展。宁夏贺兰山国家级自然保护区在石嘴山市境内面积达1487.6平方千米，约占全市面积的28%。

同时，石嘴山市深度挖掘贺兰山、工业遗迹和部分生态修复治理区历史人文资源，开发建设大武口洗煤厂工业遗址公园、绿皮观光小火车、穿越贺兰山、乡村农家乐等文化旅游、现代服务业等产业形态。《山海情》《我的父亲焦裕禄》《万里归途》等40多部影视剧在石炭井

全力打赢贺兰山生态修复攻坚战

取景拍摄，其中《万里归途》获外交部称赞。

贺兰山环境综合整治获评国家真抓实干成效明显示范项目，贺兰山生态保护修复做法被列入中国特色生态修复10个典型案例。大武口区荣获全国"绿水青山就是金山银山"实践创新基地称号。在石嘴山人的团结奋斗下，贺兰山生态正在快速恢复，"父亲山"焕发新的活力，继续守护石嘴山这一方水土。

"母亲河"——黄河

"天下黄河富宁夏。"奔腾黄河一路驰骋，穿越高山峡谷，在流经宁夏回族自治区时放缓了脚步，在石嘴山境内绵延108千米，滋润着两岸5000多平方千米的沃野，形成了大面积的河床、河漫滩和湖泊湿地，在茫茫沙海中孕育了一片富足的绿洲。

石嘴山与内蒙古自治区毗邻，自古以来设有渡口经营黄河两岸的河运。早在北魏时期，石嘴山就是向沃野镇（今内蒙古自治区五原县）运送军需给养的必经之地。清雍正时期，官府在石嘴子（惠农区黄河大桥北1.5千米处的黄河岸边）设置"夷厂"，为河套地区贸易的主要市场，当地所产的煤炭、皮毛、陶瓷由此输出，渡口贸易日益繁忙。清光绪年间，驻天津的英、德商人在石嘴山陆续开设了10家洋行，他们利用黄河运输之利，将从今甘肃、宁夏、青海等地收购的皮毛、药材等在此集中打包，经水路运至包头，再经陆路运至天津出口。贸易繁盛时，每年输送羊皮100余万张，羊毛3000多万斤。当时，"商贾充塞于途，车马不绝于路，船筏穿梭于河"。

■ 近代石嘴子码头商贸图

■ 石嘴山市因贺兰山与黄河交会处"山石突出如嘴"而得名

"山石突出如嘴" 在石嘴山市惠农区的黄河岸边,有1000多米长的崖壁因被黄河水长期冲刷而变得奇形怪状,有的像蛤蟆嘴,有的像鲸鱼嘴,有的像蟠龙洞,有的像卧虎洞……四洞六嘴成为岸边奇景。"山石突出如嘴"因地质演变而形成。

据《甘肃交通志》记载:"……至宁夏,货物之登卸者益众,亦时有小舟往来,而以皮毛、米食、绒毡为出口大宗。银川北门60里李岗堡,又70里黄渠桥,又50里石嘴子,水陆通衢,甘肃北境货物登卸总枢也。"

民国初期,石嘴山渡口摆渡繁忙,"每日河东西两岸的驮夫、脚户、商贾往来如集"。自宁夏修筑公路以后，境内共有可载渡车辆的渡口5处，石嘴山渡口是包兰公路线上载渡车辆的一个主要渡口。1958年，包兰铁路建成通车，石嘴山火车站建在渡口西十几千米处，石嘴山渡口成为连接宁夏回族自治区和内蒙古自治区公路、铁路交通运输的枢纽和沟通西北、华北、西南交通的要津。石嘴山渡口繁忙，旺季时在码头等候摆渡的汽车、拖拉机、畜力车队常绵延1000多米。

1987年3月，石嘴山黄河公路大桥在渡口处动工兴建，1988年10月，大桥竣工通车，现代桥梁取代了原始的渡口摆渡。1993年，石嘴山市

石嘴子

渡口管理所在电厂渡口架起船体连接式浮桥。至此，石嘴山境内的渡口不复存在。

黄河石嘴山段四时风景不同，风姿各异。特别是冬日冰封之时，河面上冰凌晶莹剔透，寒鸦点点，这时俯瞰河面，格外壮观。每年12月起，黄河逐渐出现冰凌，如果最低气温达到-20℃，宁夏黄河全段基本都会结冰封河。近些年来，随着全球气候变化，凌汛呈现流凌迟、封河距离短、水位变化大、开河早的特点。

进入新时代，在习近平生态文明思想的指引下，石嘴山市大力改

平罗黄河大桥

善生态环境，守护母亲河，打响黄河保卫战，以持续改善水环境质量为目标，共同守护黄河安澜。通过一系列治理，黄河流域水质不断改善，黄河石嘴山段平均水质达到Ⅱ类标准，黄河正在以全新的姿态哺育着这片土地。

在生态旅游方面，黄河石嘴山段被整体打造成环境优美的黄河金岸生态旅游区，规划布局为"一轴、两带、四区"，即文化景观发展轴，

黄河流凌

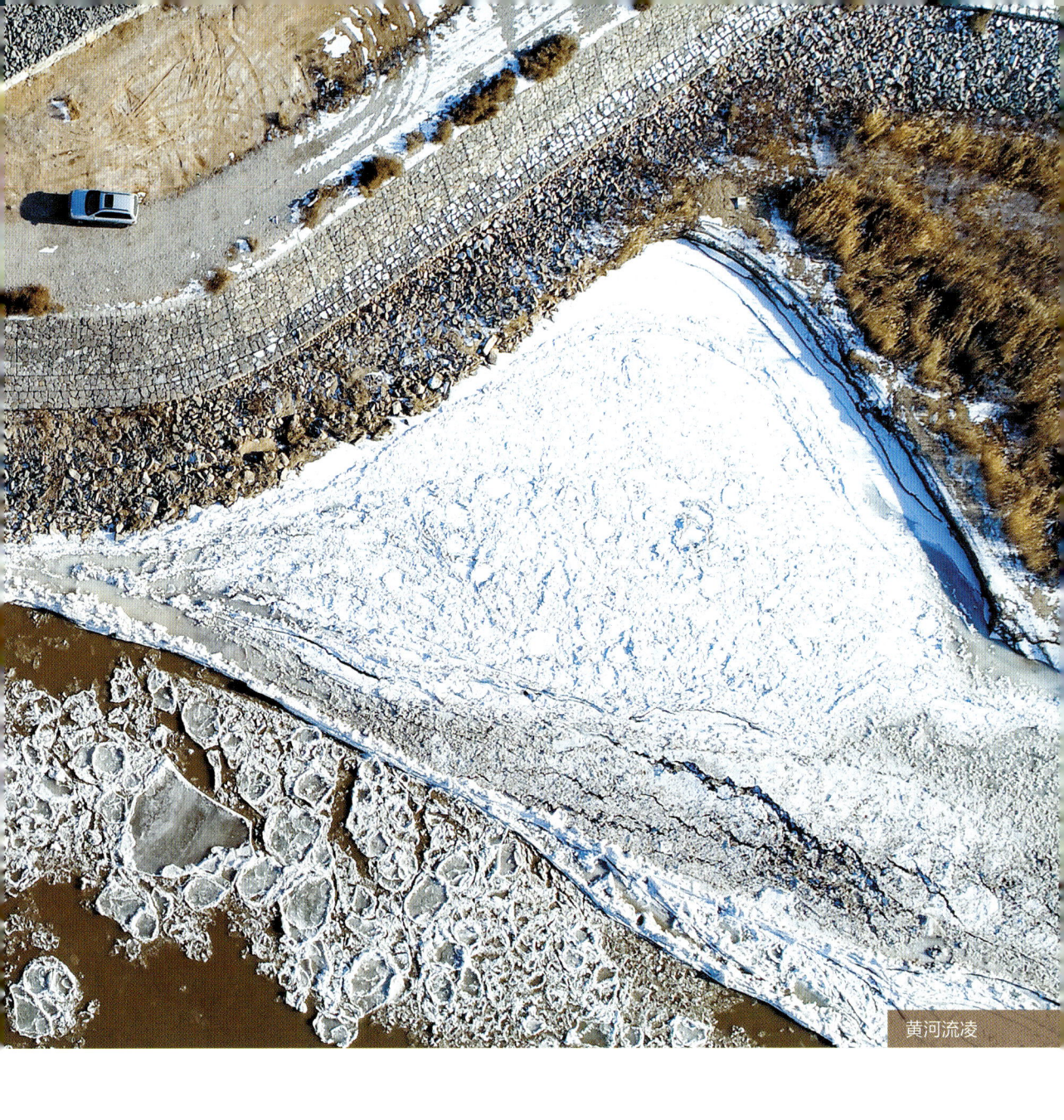

滨河景观休闲带、黄河文化旅游带，塞上江南文博区、沙枣林休闲度假运动区、黄河湿地休闲体验区、黄河生态林观光体验区。如位于黄河陶乐段的黄河生态林观光体验区，集湿地保护、特色产业、景观营造于一体，由陶乐影视基地和黄河渔村联合开发。石嘴山市正努力把黄河打造成为"安澜黄河、健康黄河、宜居黄河、文化黄河、智慧黄河、惠民黄河"六位一体的幸福河。

灵韵湖城

沙湖鸟国

　　一汪碧水从天降，瀚海沙漠起平湖。宁夏沙湖，22平方千米的沙漠与45平方千米的水域比邻而居，既有大漠戈壁之雄浑，又有江南水乡之

湖心小岛

秀美，是"中国十大魅力湿地"之一、中国十大魅力休闲旅游湖泊之一，更荣获"国家生态旅游示范区""中国年度休闲养生度假胜地"称号。

沙湖四季皆景，春季可踏春观鸟，夏季体验沙水冲浪，秋季欣赏鸥鹭翔集、冬季感受冰雪胜景。

沙湖是鱼的世界、鸟的天堂。芦丛间鸟巢无数，栖息鸟类有17目44科200多种150多万只，天鹅、大鸨、中华秋沙鸭、海鸥、鹭鸶、白鹤、灰鹤、野鸭等鸟类在这里繁衍栖息。候鸟迁徙时期，沙湖群鸟飞起，遮天蔽日，十分壮观，是国内颇具特色的观鸟胜地。

春季万物复苏，湖面退去冷冽，日照沙暖，迎来万鸟飞还，成千上万只鸟儿在芦苇间安家，学生们此时可在这里开启研学之旅，观察众多鸟类的生活习性。夏天群鸟嬉戏，五颜六色的雏鸟散布于芦丛间的鸟巢，堪称奇观。秋风乍起，一群群红嘴鸥起起落落，为迁徙做着准备。游客在游湖观景的同时，能够近距离接触鸟儿，感受大自然的灵动之美。初

沙湖

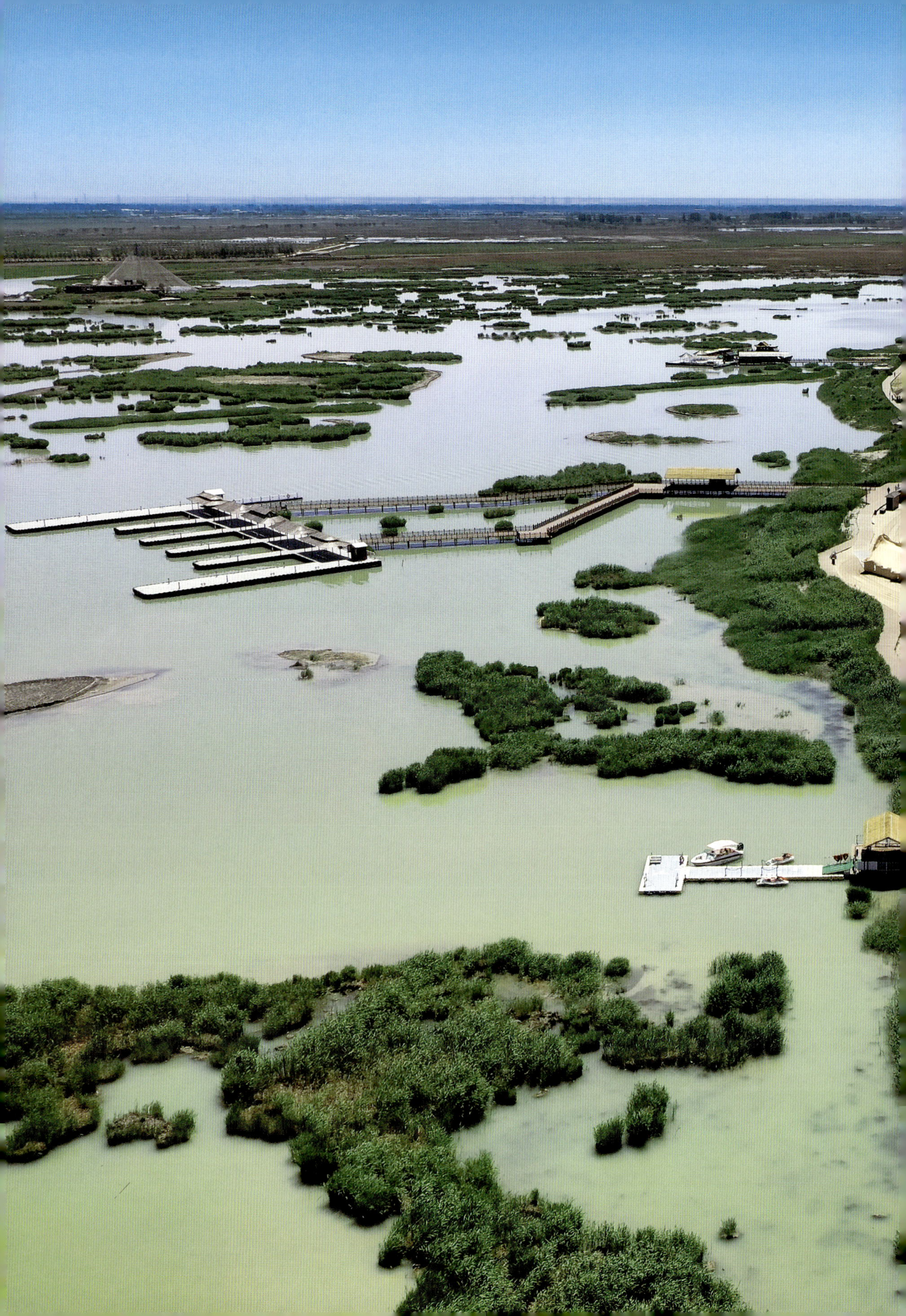

景区内 22 平方千米的沙漠与 45 平方千米的水域毗邻

冬时节，湖面水平如镜，大批南迁的候鸟相继路过沙湖水域，觅食停歇后继续南飞。放眼望去，苍凉的沙漠和远处的贺兰山呈现出壮观的萧瑟之美。

浩渺的湖水，清澈纯净、波光粼粼，水湾深处，或青绿或金黄的芦苇在微风中摇曳。金色的沙漠一望无际，大气磅礴。沙海尽头，悠扬的驼铃声在空中回荡。坐落于沙湖醉美岛屿之上的湖居酒店，四面环水，百鸟欢唱，完美的蛋壳造型更是增添了沙湖原生态的美景韵致。游客在童话般的蛋蛋屋民宿慢享惬意时光，品尝沙湖大鱼头——沙湖着实满足了往来行客挑剔的味蕾。

沙湖水鸟翔集

    沙湖景区每一处都别具情趣——环彩虹步道骑行，可享受天然氧吧带来的清新空气；入萌宠乐园，可与萌宠互动；漫步湖东湿地，可赏彩荷、翠苇，感受大自然的质朴之美；骑骆驼上沙山，乘坐滑沙板奔向沙丘之下，自驾沙漠越野车驶入沙漠深处，可感受驰骋沙丘跌宕起伏的心跳；乘坐漂移艇，在水面疾驰而过，可体验乘风破浪的快感。

    走进沙湖，开启一段沙与水的双重奇遇，乘船慢行，看芦花飞絮浪漫、天鹅翩翩起舞，闻淡淡荷香，数繁星点点，在极限运动与极致美景中，放松心灵，遇见美好。

    2023年，"沙湖鸟国"被评为"宁夏二十一景"之一。

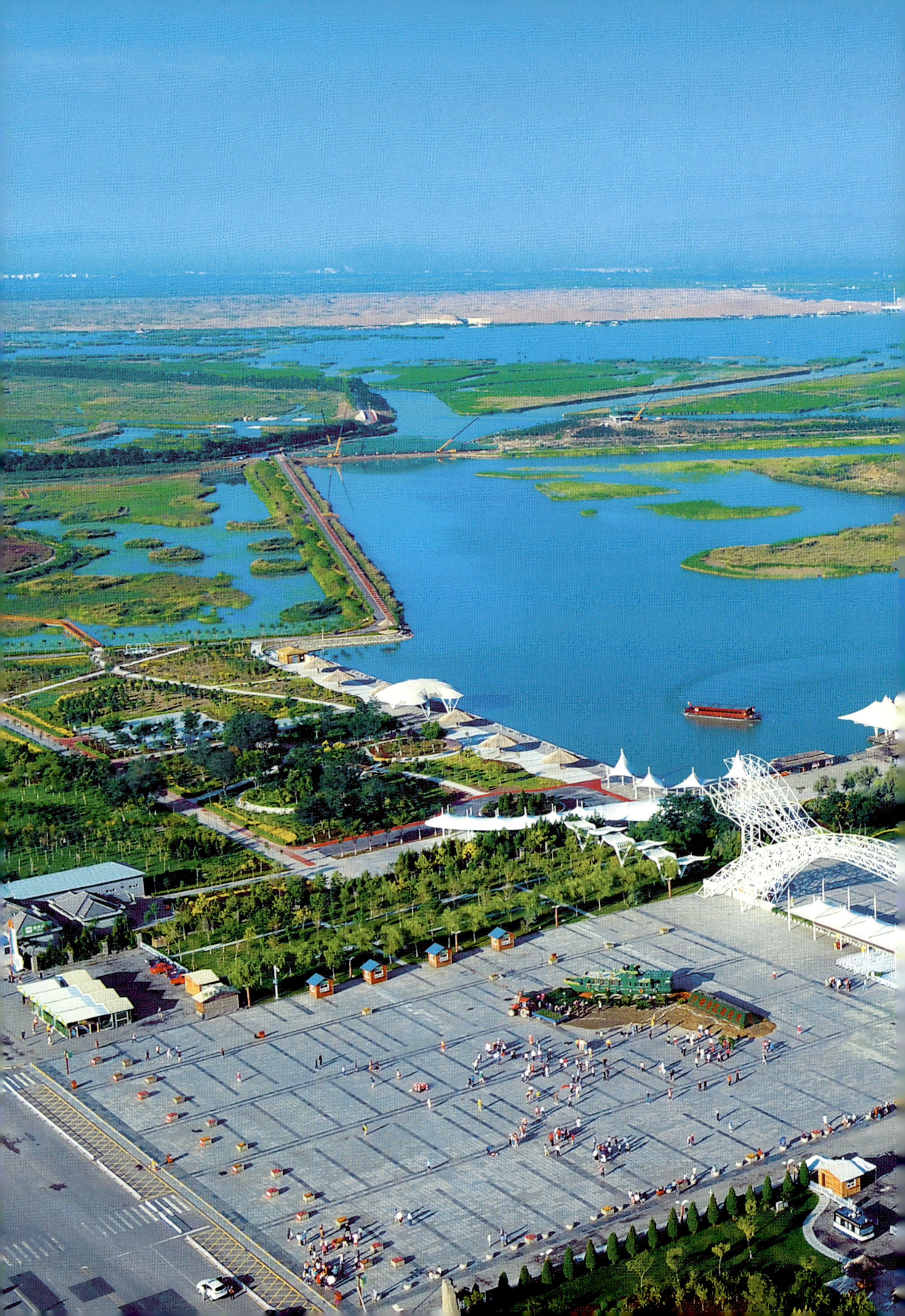

沙湖景区的蓝天碧水

星海明月

星海湖位于石嘴山市大武口区东部,市内山水大道穿湖而过。星海湖总面积为24平方千米,水面面积10.55平方千米。星海湖本是古黄河自西向东不断迁移过程中逐渐形成的自然湖泊湿地,也曾是明朝沙湖遗址之所在。

20世纪60年代至20世纪末,在大规模煤炭开发和城市发展扩张中,该自然湿地、滞洪区面积逐步萎缩,湿地生态功能明显退化,土地盐碱化加剧。星海湖湿地周边成了污水排放池以及粉煤灰和煤矸石等固体废物的堆放场,自然生态遭到严重破坏,影响了人居环境。2003年,石嘴山市委、市政府决定在原已萎缩的自然湿地、滞洪区基础上进行抢

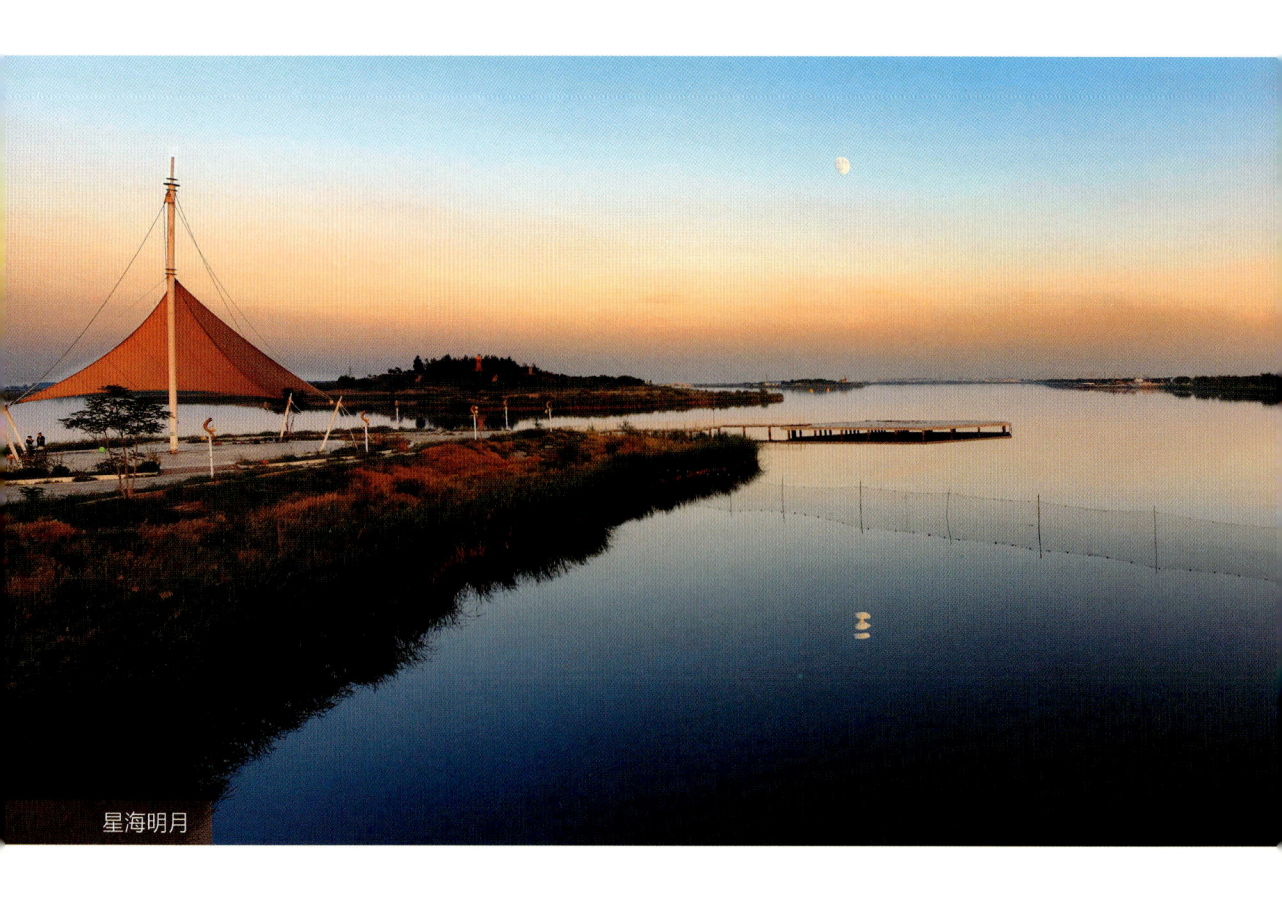

星海明月

石嘴山国际铁人三项赛在星海湖举行

救性保护，建设集防洪蓄洪、水资源综合利用、湿地保护、城市环境整治于一体的综合性重大生态工程，并将此地取名为"星海湖"，意思是汇聚星星的湖泊，也有"五湖四海、星光闪烁、希望之星"之意。在原兰州军区援建部队的大力支持和参与下，市直机关干部和广大市民义务献工，投身到建设家园的洪流之中，累计完成湖泊清淤疏浚面积23平方千米，并对湿地进行了大规模绿化。2006年7月14日至15日，石嘴山市遭遇中华人民共和国成立以来最大的洪涝灾害，星海湖蓄水量由洪水入库前的1970万立方米上升到洪水入库后的3120万立方米，使大武口区、包兰铁路、110国道、周边厂矿免受洪水危害，有效保障了城市安全和人民群众生命财产安全。

党的十八大以来，石嘴山市委、市政府坚决贯彻习近平生态文明思想，围绕湿地修复、水生态保护和防洪滞洪，持续实施了湖底清淤、生物多样性保护、堤坝砌护、沿岸绿化等生态工程，全面加强星海湖湿地综合整治，所有排污口全部取缔，所有渔业养殖全部退出，推动星海

湖水质由劣Ⅴ类整体提升为Ⅳ类，并且不断巩固提升星海湖防洪调蓄功能，蓄洪量由原来的1340万立方米增加到6300万立方米，防洪能力由原来的不足10年一遇提高到50年一遇。2018年7月22日，石嘴山市依靠星海湖的防洪功能，承受了洪水考验，无人员伤亡。星海湖也是石嘴山市最重要的抗旱储备水源，其在枯水期为下游8万亩农田补充灌溉，促进了雨水、洪水的资源化利用，有效改善了下游灌溉用水紧张的问题。星海湖在涵养水源、净化水质、美化环境、维护生物多样性和防

星海湖国家湿地公园

洪防旱等方面的作用凸显，它极大地改善了城乡人居环境，提升了城市品质和城市功能。

星海湖如今已成为石嘴山市生态文化旅游的亮丽名片，湖区山水相依、群岛环绕，林荫草茂、鸥翔鱼游，每年都吸引很多游客前来观光。星海湖区先后被水利部评定为国家水利风景区，被国家林业局（现国家林业和草原局）评定为国家湿地公园，被国家体育总局命名为国家水上运动训练基地。

天河湾

毓秀流韵的天河湾黄河国家湿地公园位于平罗县渠口乡东部平陶路以北,紧依黄河西岸,距石嘴山火车站20千米,交通十分便利。

天河湾为黄河支流多年淤积而成,面积近万亩。河湾由天然植被、人工林、草场、滩涂组成。

河湾内生长着虱子草、小芦草、枣树、河柳、漳河柳、旱柳、黑

皮柳、红柳等多种植物，高低错落，形态各异。生态林以沙枣林最为抢眼，沙枣树虬枝盘绕，花开时节，清风吹拂，花香阵阵。优良的植被同时为野生动物提供了赖以生存和繁衍的生态环境，天河湾因此成为动物的天堂。每年候鸟迁徙季，天河湾黄河国家湿地公园吸引着成千上万只大雁、红头潜鸭、罗纹鸭等在此驻足，停歇觅食。鸟儿们有的蹁跹起舞，有的低头觅食，有的振翅鸣叫，当成千上万只大雁共同起飞，场面蔚为

天河湾黄河国家湿地公园风光旖旎

红头潜鸭、罗纹鸭混群在
湿地游弋、休憩

白鹭觅食

壮观。飞禽翔集的天河湾吸引着大批摄影爱好者前来拍摄，展现了一幅人与自然、人与动物和谐共处的美好画面。

近年来，石嘴山市积极争取中央财政湿地补贴资金，在天河湾组织实施了森林抚育等重点工程项目，对湿地公园生态保护、科普宣教、科研监测、休闲游憩等功能进行统筹恢复治理。2019年12月，宁夏平罗天河湾湿地公园被国家林业和草原局批准为国家级湿地公园。湿地公园规划总面积3900公顷，有洪泛平原湿地、永久性淡水湖湿地、草木沼泽、输水河和稻田5个湿地类型。湿地内密布268种植物，生息186种鸟类，水、鸟、林、草相得益彰，形成湿地与林区相融、自然湿地与人工湿地相嵌的湿地和谐生态景观。

拉巴湖景区举办的沙漠越野比赛

户外营地

拉巴湖位于毛乌素沙漠边缘，蒙古语意为"海一样的湖泊"。这里集大漠黄沙、高山、湖泊、泉水、绿洲等自然风光于一体，毗邻马石头新石器时代遗址和陶乐长堤文物遗址，自然景观独特，人文历史丰厚，更是多民族聚居地，民风淳朴，特色鲜明。在拉巴湖，游客可以骑骆驼穿越沙漠，乘越野车冲浪滑沙，领略"大漠孤烟直，长河落日圆"的奇观；还可以开展生态园观光采摘、铁人极限闯关运动、户外军事拓展训练、体验沙漠温泉等活动，是走出户外与大自然亲密接触的好去处。拉巴湖曾多次举办全国性和全区性的沙漠摩托车、越野车大赛，在自治区内外沙漠自驾越野赛事中具有一定的知名度。

华夏奇石山

奇石山位于星海湖畔。十多年前，这里无山无水无奇石，无花无草无绿色，只有一座高出地平面 13 米、面积达 1 平方千米的粉煤灰堆，

是石嘴山市最大的污染源之一。2006年，石嘴山市本着科学发展、综合整治、变废为宝的指导思想，大力实施"放坡推土整体造型工程"，动土150万方，用1米厚的黄土层将黑灰色的粉煤灰堆覆盖严实，并在黄土层上植树、种草，把黑灰色的粉煤灰堆变为绿色公园。随后，又在此放置了大型奇石、碑刻，建设了供市民休闲娱乐和健身的道路，并安放了健身器材，一座人造山石公园初具雏形。2015年，石嘴山市又对奇石山进行整体开发，用三年时间将之建成国家4A级旅游景区——华夏奇石山文化旅游区。如今，奇形怪状的巨石、形象逼真的雕像、姿态万千的绿植、平展如茵的草坪，与星海湖相映成趣。

华夏奇石山文化旅游区内建有石博园、世界名人园、儿童游乐场、书法家园地、民族团结园，是一处寓教于乐的场所，更有"石头上的教育基地"之美名。其中，石博园展示了来自全国的50多个品种的

华夏奇石山4A级旅游景区

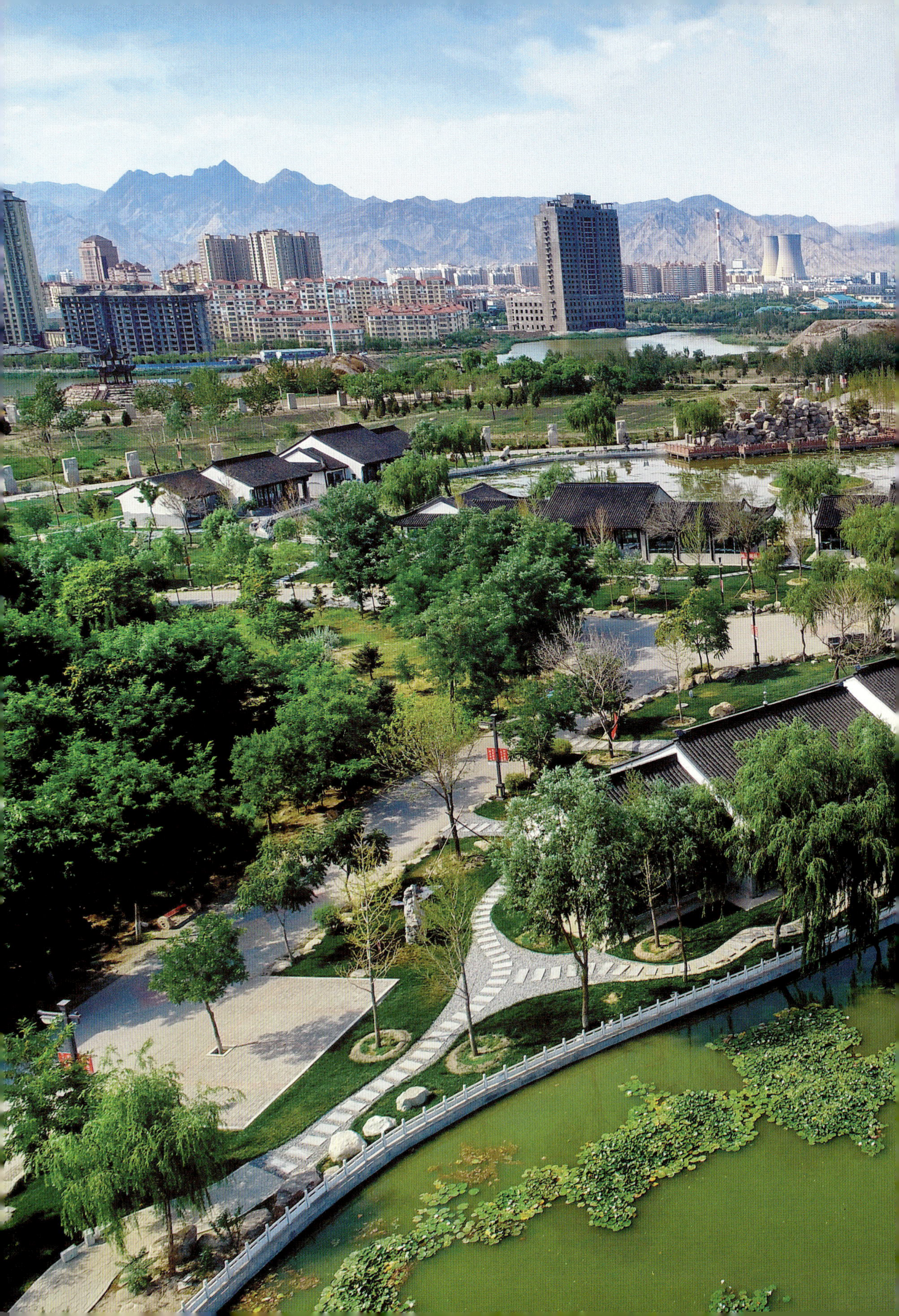

华夏奇石山文化旅游区鸟瞰

奇石

　　1000余块奇石，其个体之大、来源之广、形态之异，无不让人啧啧称奇；世界名人园里塑立着世界著名政治家、教育家、文学家、音乐家等名人的石像；在民族团结园，对各民族知识的介绍可以让游客深入了解各民族风情。

　　除奇石外，景区四季更是别有韵味——春季登临，绿草如茵，花团

人造石

锦簇；夏季到此，芳香四溢，浓荫蔽日；秋季观景，蓝天映奇石，白云衬绿影；冬季踏访，松青柏翠，绿意依旧。如果站在奇石山上登高望远，可将碧波荡漾的星海湖尽收眼底。集天下奇石精粹、展四海碧玉灵秀、观古今中外英豪风采的奇石园艺在山中错落呈现，徜徉其间，意趣横生，其乐无穷。

公园城市

戈壁变身森林

　　石嘴山森林公园坐落于石嘴山市大武口区西北角。20多年前，此地还是"不见树和草，风吹石头跑"的戈壁滩景象。现在石嘴山人将

这处戈壁滩逐步建成了集游园、娱乐、体育、文化等活动于一体的旅游景区。

园内曲水环绕，花草遍地，绿意盎然，空气清新。逢夏日清晨与傍晚喷灌绿植之时，步行园内，顿觉神清气爽；值冬雪踏园，雾凇垂玉，琼枝摇曳，气象万千。园内曲径和玉石桥相接，夏日桥侧有连片的碧莲粉荷，伸手可及。池中有奇石假山，池上建有过水曲桥，桥上风雨亭奇巧雅致。步道蜿蜒，道旁树木葱郁，秋来枫林如炬，景色宜人，风光无限。人入园中，有回归自然之感。从森林公园远眺贺兰山，山形似卧佛，其上长城巍峨壮观，雄奇沧桑，令人震撼。

古渡再现繁华

石嘴子码头在北魏时期就是宁夏重要的水旱码头，清朝末年承担了今宁夏、内蒙古、陕西、甘肃、青海等省区的贸易进出口重任，是

北武当河生态公园

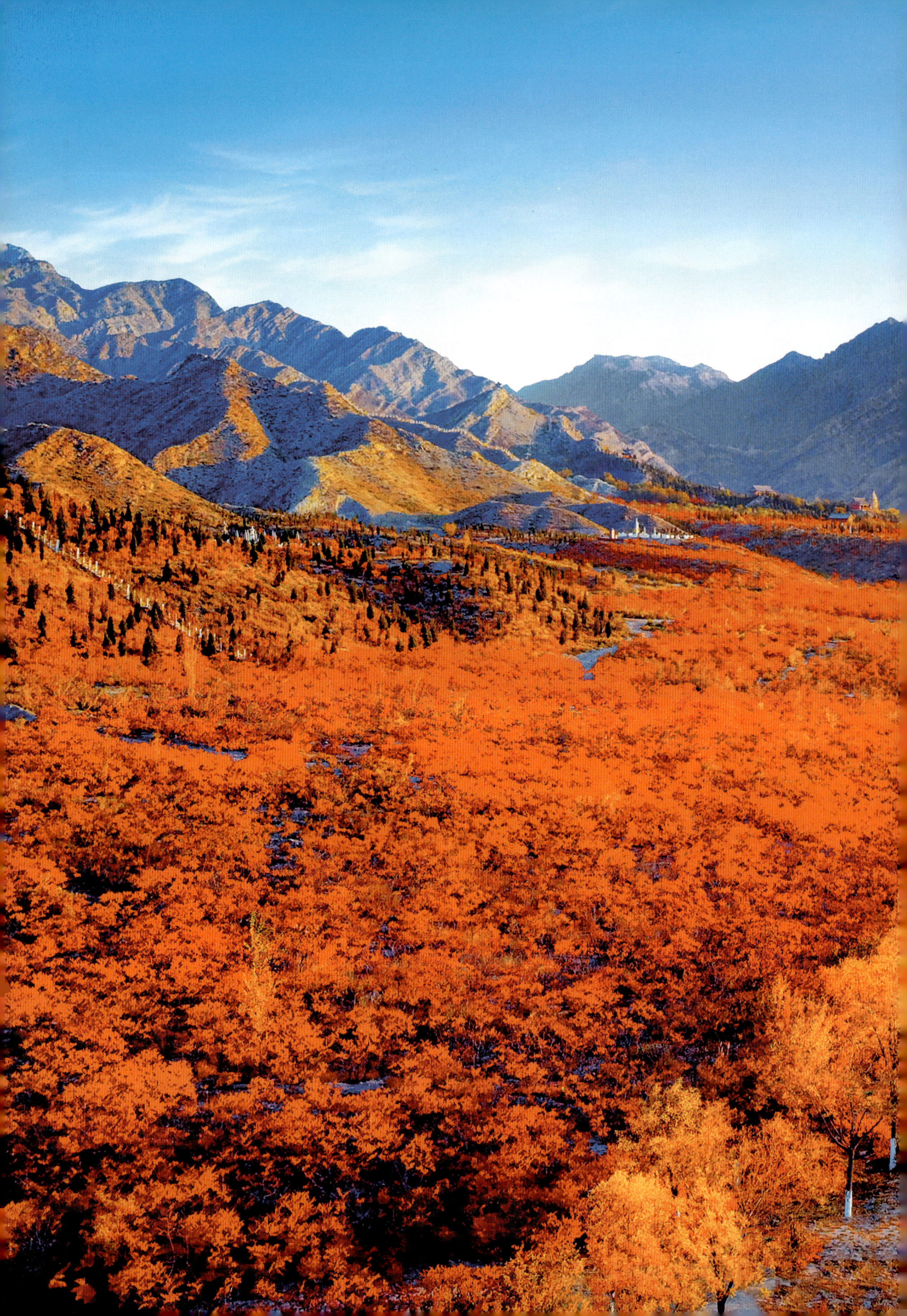

枫林如炬

当时煤炭、羊皮和食盐的主要交易地。据史料记载，羊皮通过石嘴子码头运往包头，再由包头运往天津港口。2007年5月，石嘴山市对石嘴子码头遗址半径480米内的范围进行保护，并沿滨河大道设置护栏。

2006年7月，石嘴山市沿黄河西岸建设石嘴子公园，以"山水惠农、塞上古渡"为规划愿景，打造集休闲活动、康体健身、文化传承、生态修复于一体的市民公园。该公园呈带状分布，占地面积1.5平方千

米，通过滨河慢行步道串联丰富的景观节点，将生态景观融入绿廊序列，形成一条展现黄河湿地文化、复现石嘴山渡口文化的地标性生态观光带。这条观光带也是宁夏、内蒙古两区交界处的亮点。

遗址重塑"秀带"

大武口洗煤厂工业遗址公园是石嘴山市生态工业文化旅游核心节点，占地面积28万平方米，建筑面积5万余平方米。其前身是宁

石嘴子公园全景

煤集团大武口洗煤厂，该洗煤厂始建于1960年，1969年正式投产，2016年停产，是与石嘴山这座城市共同建设、共同成长的企业，承载着"塞上煤城"的历史记忆，为全国工业建设作出过不可磨灭的贡献。

在文旅产业融合的时代背景下，石嘴山市尝试发展工业旅游，自2019

大武口洗煤厂工业遗址公园内的创意装置

年开始，将大武口洗煤厂打造为工业遗址公园，将"工业锈带"变成"城市秀带"。公园建设者依托厂区的工业遗存设施，在保留厂区原有建筑结构的基础上，建成了文化创意区、主题商业区、科普研学区、主题纪念馆等多个功能区，集观赏、休闲、研学、展示、娱乐于一体；2020年，又先后完成大武口火车站改造、宁夏工业纪念馆、游客集散服务中心、铸牢中

大武口洗煤厂工业遗址公园一瞥

华民族共同体意识教育馆、时光走廊等项目建设。

大武口洗煤厂工业遗址公园内的文化创意区引入了宁夏毯、煤雕等"非遗"项目，并邀请道森传媒等文创企业入驻，迄今已连续举办四届"工业之声"摇滚音乐节。园内还开设了石嘴山市城市书房工业遗址公园分馆，设置了少儿阅读、成人阅览、"非遗"作品展示、党史图文资料四大

大武口洗煤厂工业遗址公园纪念馆入口

区域。这是一种新型的阅读模式,提升了"书香城市"建设和文化旅游深度融合发展的水平。园内的宁夏工业纪念馆展出了大量珍贵照片和实物,全方位记录老工业基地的建设历程、重要事件、建设成就,讴歌了几代建设者在这片土地上艰苦奋斗的感人事迹。宁夏工业纪念馆和大武口洗煤厂工业遗址公园相得益彰,成为石嘴山工业文明的一个地标名片。

贺兰山谷

在贺兰山,远眺沟口,只见粗糙干旱的山壁和零星点缀着的绿色,让人慨叹大自然对生命的苛刻;置身沟口,但见山谷迂回,陡峭挺拔的山壁伴随着静静流淌的小溪,恬淡安然,岁月长久。

贺兰山石

归德沟

归德沟——雄浑气魄

在距离石嘴山市大武口区约 5 千米的贺兰山北段，有一条名叫归德沟的美丽峡谷。这里奇石嶙峋，山势陡峭，险峰众多，气势恢宏，在整个贺兰山脉中颇具特色。该地段也因地质褶皱、断裂断层典型而成为户外探险、学术研究以及科普教育的宝地。

沟内古长城烽火台、归德沟岩画群、沙窑田园及滩山水泉构成了一条亮丽的风景线。归德沟山势起伏，绵延壮阔。贺兰山的千姿百态、雄壮气魄和独特的地质构造，在归德沟展露无遗。行走于天地之间，看归德四季变换，在宁静中感受真趣，于荒凉中发现野趣，从跋山涉水中找寻意趣，游人无不觉得不虚此行。

韭菜沟

韭菜沟——西部翡翠

韭菜沟位于北武当庙北侧，为贺兰山的一条原始山沟。沿路而上，韭菜沟地处贺兰山深处，清凉幽静，仿若与世隔绝。进入韭菜沟，映入眼帘的时而是光秃秃的山体，时而是山梁上古长城的残垣断壁和军事防空洞遗存。

韭菜沟里，清澈的泉水汩汩流淌，饮一口，便觉甘爽宜人。岩壁上，偶尔飞快地越过几只岩羊。树荫下，小憩片刻，听泉、赏景、观天、读云，凉风送爽，惬意悠然，凡尘顿远。徒步登临山巅，极目远望，无尽的峰峦沟壑皆在脚下，远处的城市尽收眼底；驰目四野，感受"望断天涯路"的境界，体验"前不见古人，后不见来者"的苍茫意境，领悟超然出尘之感觉，也是人生不可多得的体验。

王泉沟口罗家园——山麓绿洲

穿过西长城和西夏贵族墓群，在荒凉的贺兰山脚下的王泉沟口，有一处山与园相依、林与水相融、静与动相宜的避暑休闲胜地——罗家园。这里依山傍水，山风习习，凉爽清新，幽静怡人。漫步园内砖石铺就的蜿蜒小道，周身一片清凉葱翠。园中古树参天，桑树、核桃树和杏树均有百年树龄。在王泉沟口居高远眺——黄河平原、西夏墓群、长城遗址、烽火高台尽收眼底，让人有穿越时空之感、遐思无限。

罗家园烽火高台

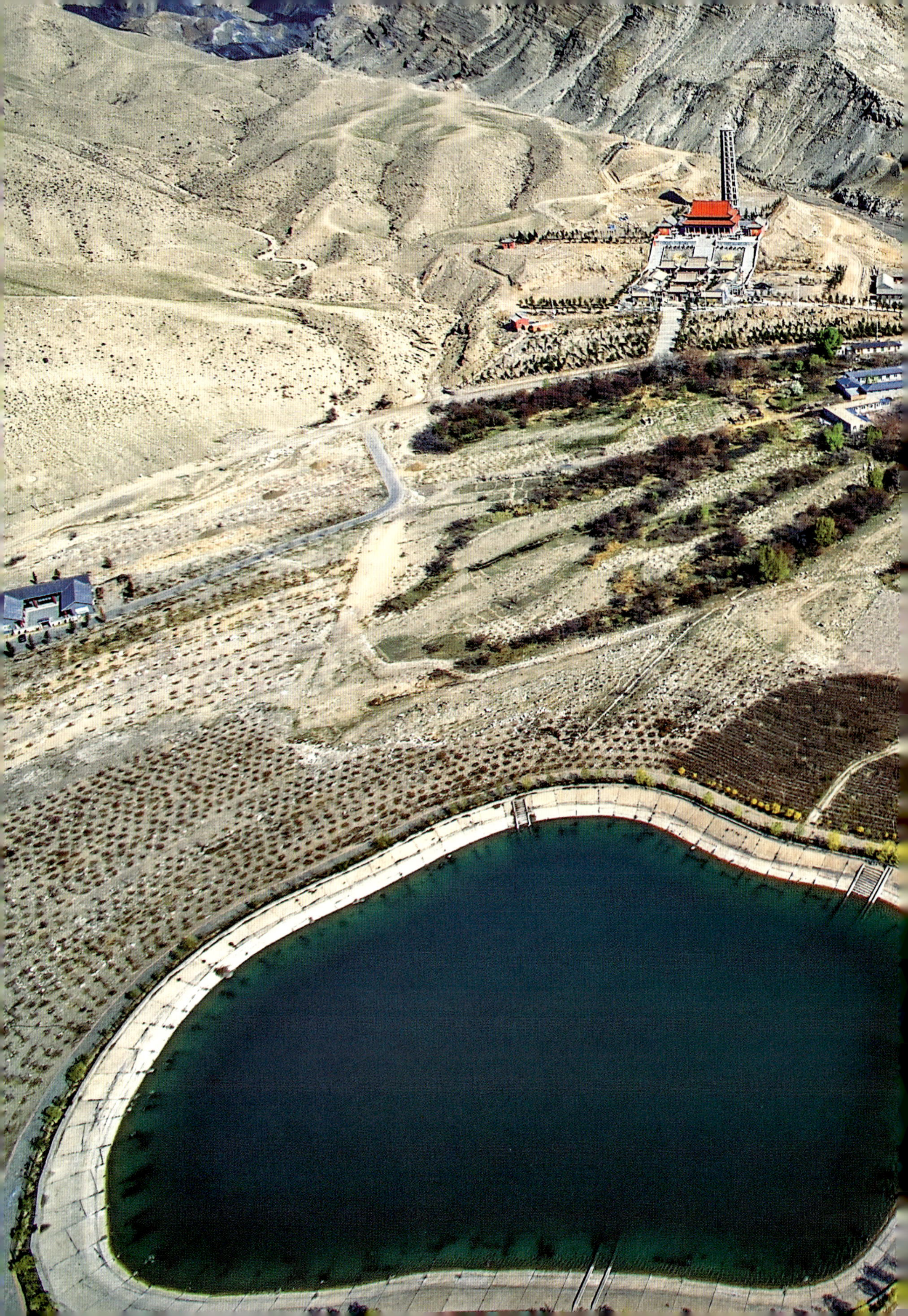

鸟瞰罗家园

红果子沟——瀑布飞流

  红果子沟是贺兰山一条险峻的山谷，西长城于此依山设险，成为著名关隘，明朝称其为"红口儿"，清朝称其为"红口子"。名称演变至今，变为"红果子"。

  进入红果子沟，首先映入眼帘的是像两扇城门直冲云天一般的陡峭石壁，它们在沟口形成"一线天"的奇妙景观。进入沟口，山路九曲十八弯，两边山峰错落有致，山顶石头奇形怪状。不久后会在山路的一侧看到

红果子沟冰瀑

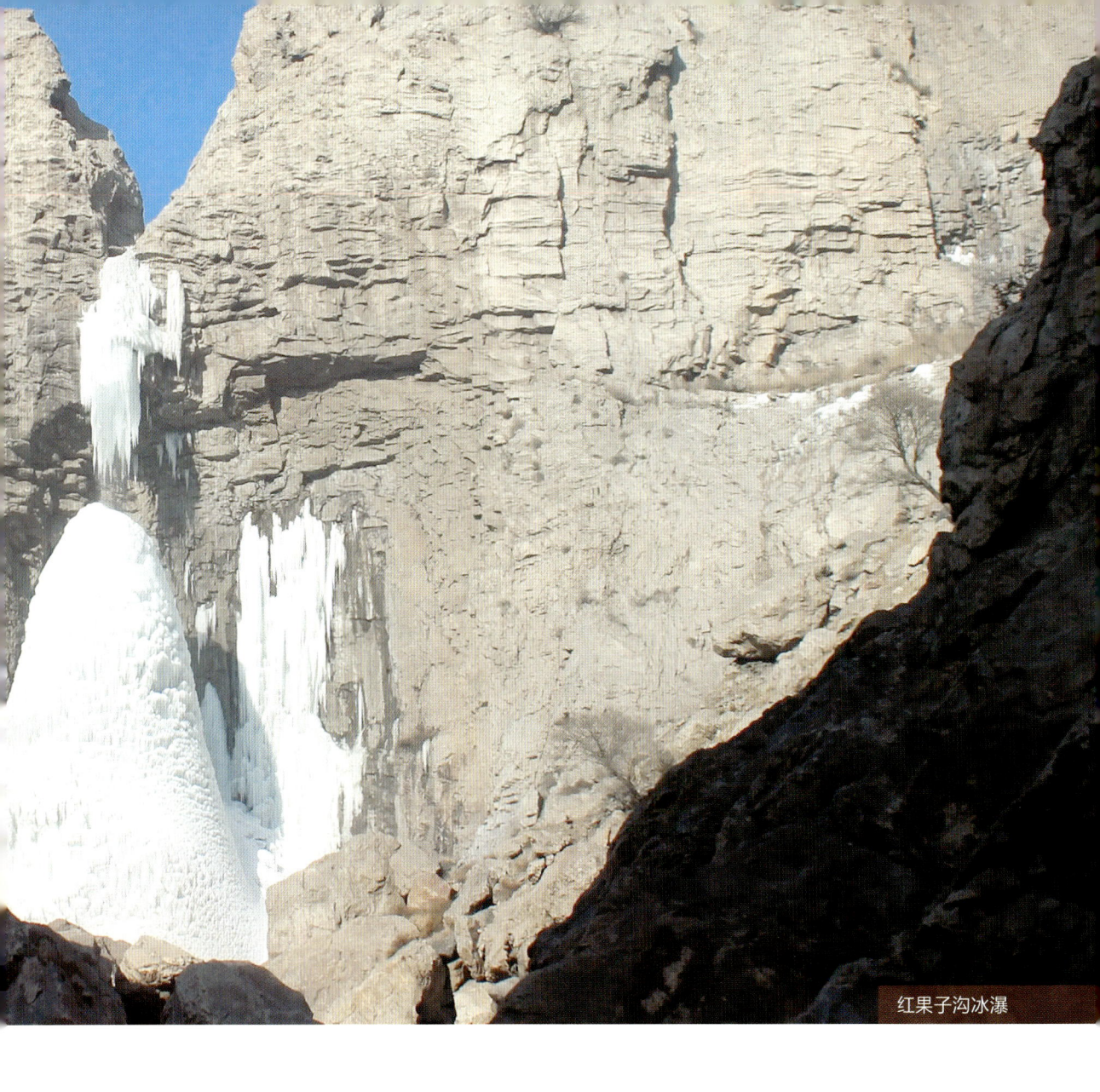

一股清澈见底、潺潺流淌的泉水正顺沟流出，流经层层的沟坎和石崖，形成一处又一处飞溅的小瀑布。继续深入沟口，就会听见巨响，循声而往，气势恢宏的大瀑布垂挂眼前，飞珠溅玉，水雾升腾。到了冬季，随着气温不断下降，瀑布飞溅的水流凝结成晶莹剔透的冰柱，蔚为壮观。冰柱与崖壁之间形成的冰帘洞，更增添了瀑布的迷人色彩。红果子沟瀑布堪称宁夏的一大奇景，是大西北少有的特色景观。

塞上乡愁

生态工业文旅影视小镇——石炭井小镇

　　石炭井位于贺兰山腹地，辖区面积356平方千米，素有贺兰山"百里矿区"之称，因出产无烟"太西煤"而享誉国内外，是宁夏煤炭工业的重要发祥地，为宁夏经济乃至国家经济建设作出了重要贡献。随着石嘴山市行政区划的调整和石炭井矿务局撤并到国家能源集团宁夏煤业公司，石炭井区被划并大武口区，石炭井这个老工矿区在经过40多年的岁月洗礼后，完成了历史使命。

　　近年来，石嘴山市依托石炭井这个"全国少有，宁夏唯一"的完整工矿行政区，实施石炭井工业文旅影视小镇建设，依托贺兰山的自然优势，根据工矿发展、军旅故事、生态修复的时代脉络，发挥"全区及全市干部教育培训现场教学基地"平台的作用，谋划精品红色旅

石炭井工业文旅影视拍摄小镇

电影《万里归途》片场

电影《我的父亲焦裕禄》片场

游线路，打造主题党日活动打卡点，加大招商引资和项目建设力度，合理开发、有效利用闲置房产、天蓝地绿等资源，抢抓影视剧和热门网剧在辖区取景拍摄的良好机遇，让矿区"披绿"，以文旅"掘金"，让来访者望得见青山、看得见绿水、记得住乡愁，打响了石炭井工业文旅影视小镇的品牌。《山海情》《万里归途》《我的父亲焦裕禄》《绿

电影《绿皮小火车》片场

皮小火车》《槐秋》等诸多影视剧在这里拍摄。

贺兰山下第一村——龙泉村

龙泉村位于石嘴山市大武口区长胜街道，背靠贺兰山，因村内有九个天然泉眼而得名，是一个集自然景观、田园风光、乡村民俗和历史文化于

龙泉村一角

一体的塞北村落。

龙泉村文化底蕴厚重，村内保留了明长城、烽火台、贺兰山岩画、汉代遗址等珍贵古迹。村庄内"家家有果园、户户有古树"，形成了绿色健康的人居环境。

龙泉村汇集了当地的传统文化、农耕文化、民俗文化等文化精髓，2019年被评为国家3A级旅游景区，是全国乡村旅游重点村、全国文明村、全国生态文化村和中国美丽休闲乡村。

贺翔航空旅游小镇

低空飞行瞰贺兰——贺翔航空旅游小镇

　　石嘴山市贺翔航空旅游小镇位于大武口区星海湖北域，建设有停机坪、塔台、航空展览馆、红色博物馆、航空俱乐部、航校等多个项目，以开展低空观光旅游业务为核心，打造集观光游览、飞行培训、休闲体验、餐饮住宿、航拍航测于一体的精品观光旅游产品，为游客提供更加时尚、更加新潮的观光游览方式。同时，通用航空事业的发展，在教育、娱乐、旅游、体育、医疗卫生等领域为人民生活提供了更为丰富的选择和极大的便利，尤其是提高了紧急救援和紧急医疗服务的效率，真正实现了"一体多用，综合服务"的目标，让通航小镇项目更好地服务民生，更接地气。贺翔航空旅游小镇低空飞行旅游品牌开创了宁夏全域旅游的新模式，为全区旅游业注入了新的活力。

贺翔航空旅游小镇让人们领略不一样的风景

乡村旅游综合体——大地天香旅游景区

大地天香旅游景区位于石嘴山市惠农区红果子镇，是集特色产业园观赏、农事基地体验、农产品加工展示、休闲食品销售、餐饮娱乐度假于一体的国家3A级旅游景区。

大地天香旅游景区

休闲农业

醉美酒庄——贺东庄园

贺东庄园位于石嘴山市大武口区金工路，由宁夏贺兰山东麓庄园酒业有限公司开发建设，是一家集葡萄种植酿造、展示销售、旅游观

贺东庄园

葡萄酒酒庄橡木桶

光、休闲农业、科普文化于一体的综合性景区。贺东庄园由大武口酒窖庄园和大武口葡萄酒文化小镇共同组成，占地面积3040亩，其中标准化酿酒葡萄种植基地2600亩，种植酿酒葡萄50余种。这里有恒温恒湿地下酒窖3200平方米，火车主题民宿18间。2019年，贺东庄园被评为自治区级研学旅行基地。2021年9月，贺东庄园被评为国家4A级旅游景区和宁夏贺兰山东麓葡萄酒产区二级酒庄。

大武口硒有田园

富硒之地——大武口硒有田园

大武口硒有田园位于石嘴山市大武口区沟口街道翠柳社区，距离中心城区8千米，核心区占地3800余亩，其前身是石炭井矿务局一矿农场，这里工矿遗址众多，有深厚的工矿文化底蕴。园区林地面积大、

大武口硒有田园中的遗址照片墙

空气湿度高、果园农庄集中，土壤硒含量高于 0.6mg/kg。大武口硒有田园是一家集农业休闲观光旅游、农事活动体验、蔬菜水果采摘、特色餐饮娱乐、农业科普、旅居式养老于一体的国家 2A 级旅游景区。

民俗风物

[撷英集萃 物阜民丰]

撷英集萃

北武当庙寺庙音乐

贺兰山下的北武当庙是石嘴山重要的文化景观。北武当庙音乐是儒、释、道三教合一的产物，经传承演变，融入民歌、小调的旋律，辅以宫廷音乐的润色，混合南北佛家的唱腔，特色浓郁。同时，寺庙音乐保存了传统佛教音乐的记谱方式——"渣渣子"，它与我国古老的"工尺谱"记谱方式融合后，组成了既有打击乐又有管乐的寺庙音乐，成为难得一见的佛教音乐念唱演奏乐曲。2019年，北武当庙寺庙音乐入选国家级非物质文化遗产代表性项目名录。

民族乐器泥哇呜

泥哇呜是一种传统乐器，又称"泥箫""泥牛埙"，因吹出来的声音"呜呜哇哇"而得名。泥哇呜流行于宁夏回族自治区，是珍贵的国家级非物质文化遗产。

泥哇呜是埙的一种。此种乐器曾在早期宫廷乐队中使用过，后逐渐

泥哇呜

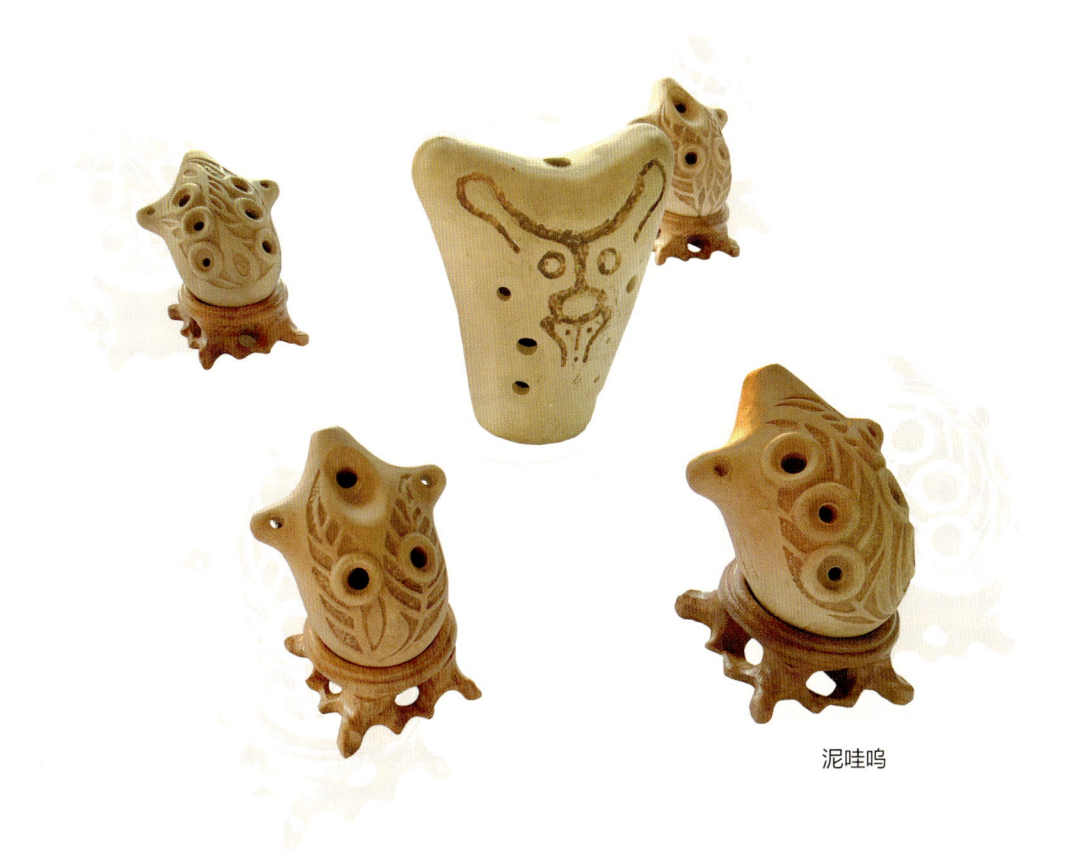

从宫廷乐器中消失。经民间改造后的泥哇呜,制作简单,取材方便,普及性强。用一块普通的黄胶泥,就能制作出造型别致、图案新颖的泥哇呜,而且其形状、大小、音孔数量和位置各不相同。大者与鹅卵相近,小者犹如核桃。外形有牛头形、鸡蛋形、扁豆形等。泥哇呜可以用来演奏几乎全部古曲,用其演奏的《阳关三叠》《苏武牧羊》等深受当地人喜爱。

煤雕

煤雕是我国传统的雕刻艺术之一,历史悠久。煤雕主要以版画结

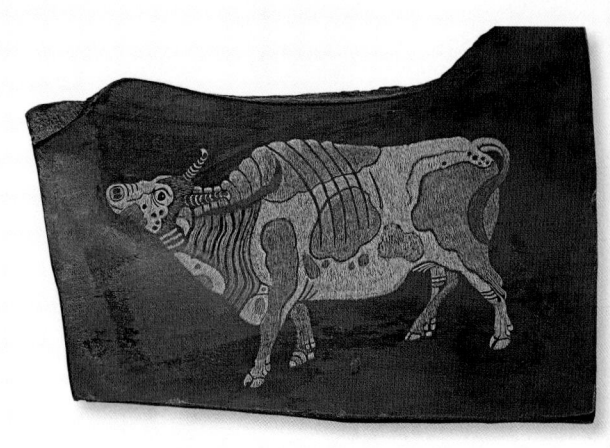

煤雕作品

合岩画的形式，创作出动物形象、人物肖像、京剧脸谱等室内外装饰作品，观赏价值及收藏价值颇高。闻名国内外的太西煤更是制作煤雕的绝好材料，用太西煤制作出的煤雕艺术品，外形美观、工艺精湛，沉稳中尽显灵秀。石嘴山煤雕以宁夏煤炭文化为依托，独辟蹊径，不但成为当地工艺美术百花园中的一朵奇葩，而且在群芳争艳、色彩斑斓的雕刻艺术中独树一帜，是名副其实的乌金艺术。

沙雕

在石嘴山沙湖中有座沙雕园，当地每年都会在此举办精彩纷呈的沙雕大赛，吸引国内外著名的沙雕大师前来参赛。沙雕是以沙和水为基

沙雕作品《美人鱼》

本材料的雕塑艺术，通过堆、挖、雕、掏等手段将沙子雕琢成各种造型，场面恢宏大气，因而又被称为"大地艺术"。沙雕在完成后经特制胶水加固，正常情况下可以保持几个月，之后在一定时间内会自然消解，不会造成环境污染。

石嘴山版画

石嘴山版画具有鲜明的艺术特色和地域文化特色，在宁夏乃至全国都具有独特的艺术价值与地位。石嘴山当地涌现出一批版画家，他们创作了许多优秀的版画作品，其中《生命之光》《起航》《踏破贺兰山缺》获得了版画界最高奖——鲁迅版画奖。

葫芦烙画

葫芦烙画，顾名思义就是在葫芦上作画。石嘴山地区的葫芦烙画有着极强的地域适宜性，质地独有，题材广泛，技法独特，风格多样，对传承历史文化、弘扬民族艺术具有积极作用。

陶瑞珍葫芦烙画作品：《八骏图》

葫芦烙画作品

平罗民间绘画

王洪喜作品:《日出东方》

王洪喜作品:《西瓜丰收》

平罗民间绘画

平罗民间绘画起源于清朝,当时的民间画匠多为庙宇、祠堂作画。现今的平罗民间绘画构图饱满充实,用色活泼大胆、鲜艳明快,画面生动活泼、乡土气息浓郁,是当地农耕社会的缩影。

剪纸作品：《沿着高速看中国：走进龙泉村》

鲁卫东作品：《平罗钟鼓楼》

剪纸

　　石嘴山剪纸艺术源远流长、经久不衰。形象生动的剪纸蕴含着浓浓的生活气息，其中鱼虫鸟兽、花草树木、亭桥楼阁……种类繁多，且美不胜收。它们有的装饰在农家小院的木窗上，有的点缀在古色古香的门楣上……石嘴山剪纸艺术根植于民间，这些剪纸作品记录了石嘴山淳厚的民情民风，寄托着石嘴山人民对生活的美好愿景。

刺绣

　　石嘴山刺绣主要流传于平罗县，其针法多样，线条排列疏密得当，镶色自然。石嘴山刺绣作品格调高雅、意境深远，彰显着厚重和精致的地域文化精神。

征丽霞作品：《牡丹富贵》

刺绣

石嘴山市非物质文化遗产分布示意图

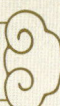

国家级非物质文化遗产代表性项目名录

- 寺庙音乐 北武当庙
- 民族乐器 泥哇呜

自治区级非物质文化遗产代表性项目名录

- 传统酿醋技艺
- 黄渠桥爆炒羊羔肉制作技术
- 大武口凉皮
- 石嘴山市刺绣
- 葫芦烙画
- 平罗民间故事
- 石嘴山市民间剪纸艺术

大武口区

石嘴山市

煤雕

石嘴山市民间剪纸

市级非物质文化遗产代表性项目名录

惠农区

民族器乐泥哇呜

葫芦烙画

平罗县

暖锅

黄渠桥爆炒羊羔肉

- 手工编织
- 平罗秧歌杂耍（旱船）
- 暖锅制作技艺
- 糖画制作技艺
- 古法制香
- 张氏连枷棍
- 喇叭鞭
- 古法酿酒
- 煤雕
- 老铁锅传统铸造技艺
- 掐丝珐琅制作技艺
- 平罗扁豆粉面传统制作技艺
- 唢呐哨片制作技艺
- 秦腔
- 石嘴山迎春习俗——打春牛
- 贺兰山根艺雕刻技艺

物阜民丰

美食

沙湖大鱼头产于石嘴山市沙湖生态旅游区。沙湖为国家级生态健康养殖示范区,所产的沙湖花鲢,鱼头大,身子小。烹制后的大鱼头肉鲜而不腥,嫩而不散,肥而不腻,味道十分鲜美。用其鱼头熬汤,汤嫩、鲜、肥、白、滑,回味悠长。

黄河鲤鱼金鳞赤尾,体长健壮,食用时具有"甘、鲜、肥、嫩"的独特风味。糖醋鲤鱼,即过油加糖醋烧至琥珀色的晶莹鱼肉,外酥里嫩,甜中有酸,酸甜适度,香而不腻。除糖醋以外,黄河鲤鱼的做法还有很多,如红烧、炖汤、油炸等。

黄渠桥爆炒羊羔肉的选材、用料都十分讲究。烹制过程主要是在爆的基础上,兼用焖和烩的方法,使菜肴鲜嫩可口,香味四溢。黄渠桥爆炒羊羔肉营养价值高,具有地方特色和民族风味。

砂锅羊肉选用草料喂养的柏籽山羊,肉质鲜嫩清香、膻味淡、营养丰富。羊肉经过砂锅的炖煮,比普通锅炖煮的羊肉更加鲜嫩,肥而不腻，瘦而不柴，口感柔软多汁，每一口都刺激着味蕾。

暖锅，俗称锅子，做时需先在铜锅内放入肉汤，再把过油五花肉、白萝卜、粉条、豆腐等食材一层又一层满满码放于铜锅之中，用木炭火熬制。熬煮时食材的香味四溢，入口的肉肥而不腻，暖心又暖胃。大武口暖锅的流行与20世纪中后期的移民热潮密不可分，特别是隆湖扶贫经济开发区的建立和发展，促使带着六盘山区气息的暖锅成为当地有名的饮食，暖锅为移民群众脱贫致富和乡村振兴发挥了积极的作用。

黄渠桥爆炒羊羔肉

大武口暖锅

大武口凉皮

20世纪50年代末，大批建设者来到大武口区定居，他们把各地美食也带到这里，打磨出了大武口区极具包容性的饮食文化，大武口凉皮就是其中的佼佼者。在大武口区城区，每走两三百米就可以见到一家凉皮店。大武口凉皮的薄面皮晶莹剔透，厚面皮筋道爽口，配上鲜香的炸辣椒，不干不油，不燥不腻，再加上蒜水、芥末汁、醋、糖、盐等十余种调味品，一碗香辣可口的凉皮就能供食客享用了。2018年，大武口凉皮获批国家地理标志集体商标。

扁豆凉粉是将扁豆和豌豆按一定比例混合磨成浆汁，将浆汁沉淀数小时后，撇去上层粉水，边加热边搅拌至熟透，晾凉凝固而成。扁豆凉粉较一般凉粉颜色偏深，口感更为筋道爽滑，豆香味浓，弹性十足，如再浇上酸辣汁，吃起来更加可口。

扁豆凉粉

黄渠桥老豆腐

黄渠桥糖麻丫

　　黄渠桥糖麻丫也叫糖麻鸭，其做法为：面粉加糖、鸡蛋、香料做成麻丫生坯，入油锅煎炸，呈紫红色时捞出，冷却后用糖稀包裹，做好后的糖麻丫金黄油亮，外黏内沙。糖麻丫嚼起来很筋道，余味绵长，堪称宁夏小吃一绝。

　　黄渠桥老豆腐系采用传统工艺制作而成，特点是硬度较大、弹性较强，含水量低，口感略"粗"，微甜中略带一丝苦味。其清淡中蕴含鲜美，柔软中透着筋道，令人回味无穷。

特产

通伏大米具有"粒圆、色洁、油润、味香"等特点。2017年，通伏大米在第二十届中国农产品加工业投资贸易洽谈会上获得优质产品奖。

石嘴山的田园陈醋系列产品，是指利用当地优质的枸杞、葡萄、苹果、玫瑰花等，通过发酵生产出的水果醋、醋饮以及高端手工枸杞醋等。其酸甜适口，且不添加防腐剂，是当地的知名产品。

黄渠桥羊羔肉是全国农产品地理标志产品。羊羔肉肉质细腻、肌间脂肪分布均匀、弹性好，烹调后色泽棕红，肉嫩鲜美、肥而不腻、无膻味，色香味俱全，有滋补强身之功效。

脱水蔬菜产业是惠农区的优势特色产业，惠农脱水蔬菜加工企业占宁夏脱水蔬菜企业总数的90%以上，约占全国脱水蔬菜加工企业总数的1/6。惠农脱水蔬菜色鲜味美，粒度均匀、保味保鲜。

由于光照时间长、昼夜温差大、土壤富硒等因素，简泉村生产的西甜瓜富含硒、口感佳、品质优，畅销各地，具有较高的知名度。

田园陈醋

沙漠西瓜

平罗的沙漠西瓜富含钾、硒等矿物质元素，是全国农产品地理标志产品。它果肉鲜红、果汁丰富、甘甜爽口，糖分含量超13%，产品畅销上海、成都、西安、武汉等大中城市。

惠农枸杞富含多种有益微量元素和氨基酸、甜菜碱等特殊营养成分，现已成功开发枸杞油膏、枸杞多糖、黑枸杞花青素等健康产品十余种，已获批国家地理标志证明商标，产品销往国内各地及美国、加拿大等国。

八大庄有机葡萄的主要品种有美国黑珍珠、阳光玫瑰、美人指、A17等。葡萄果肉多汁、果皮薄脆、甘甜味美，产品远销北京、广州等一线城市。

玫瑰鲜花饼是精选上等玫瑰花纯手工制作而成的。烘烤的面皮金黄酥脆，做出来的鲜花饼香味浓郁、口感丰腴，没有任何食品添加剂，比传统配方的糖少，更符合现代人的健康需求。

姚伏冬枣皮薄酥脆、酸甜适口、水分十足，2019年荣获"中国北京世界园艺博览会优质果品大赛金奖"。

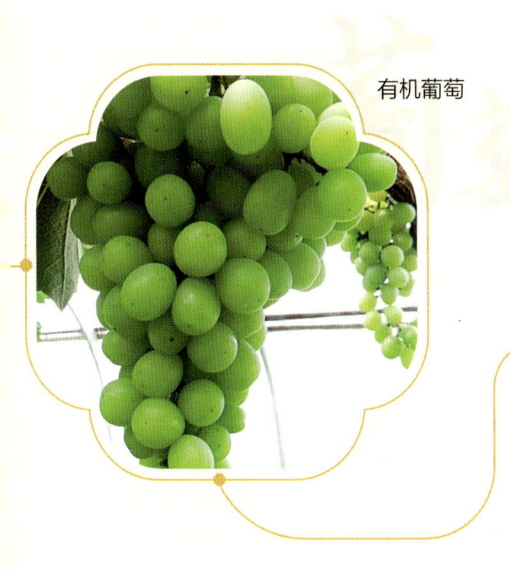

有机葡萄

惠农枸杞

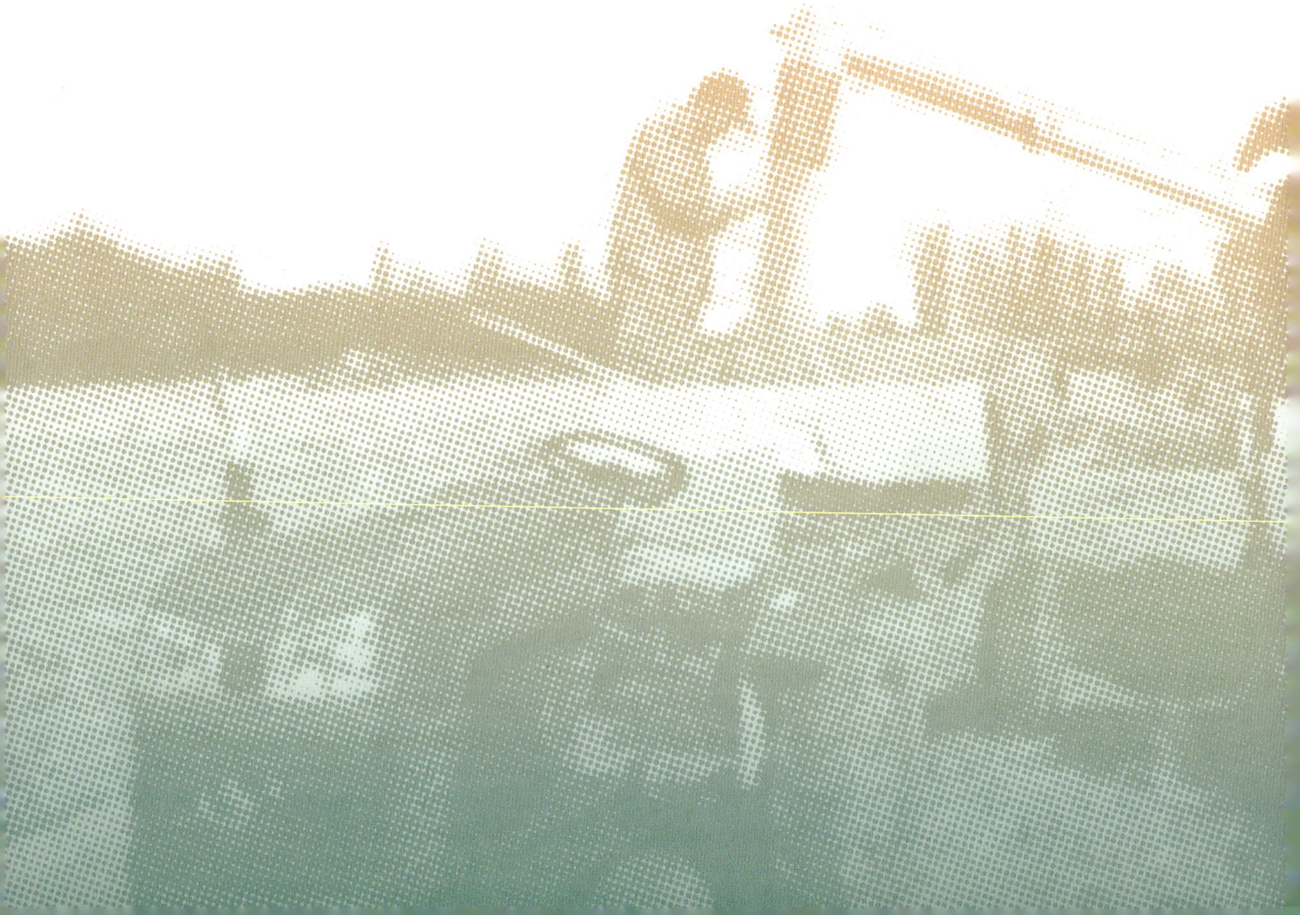

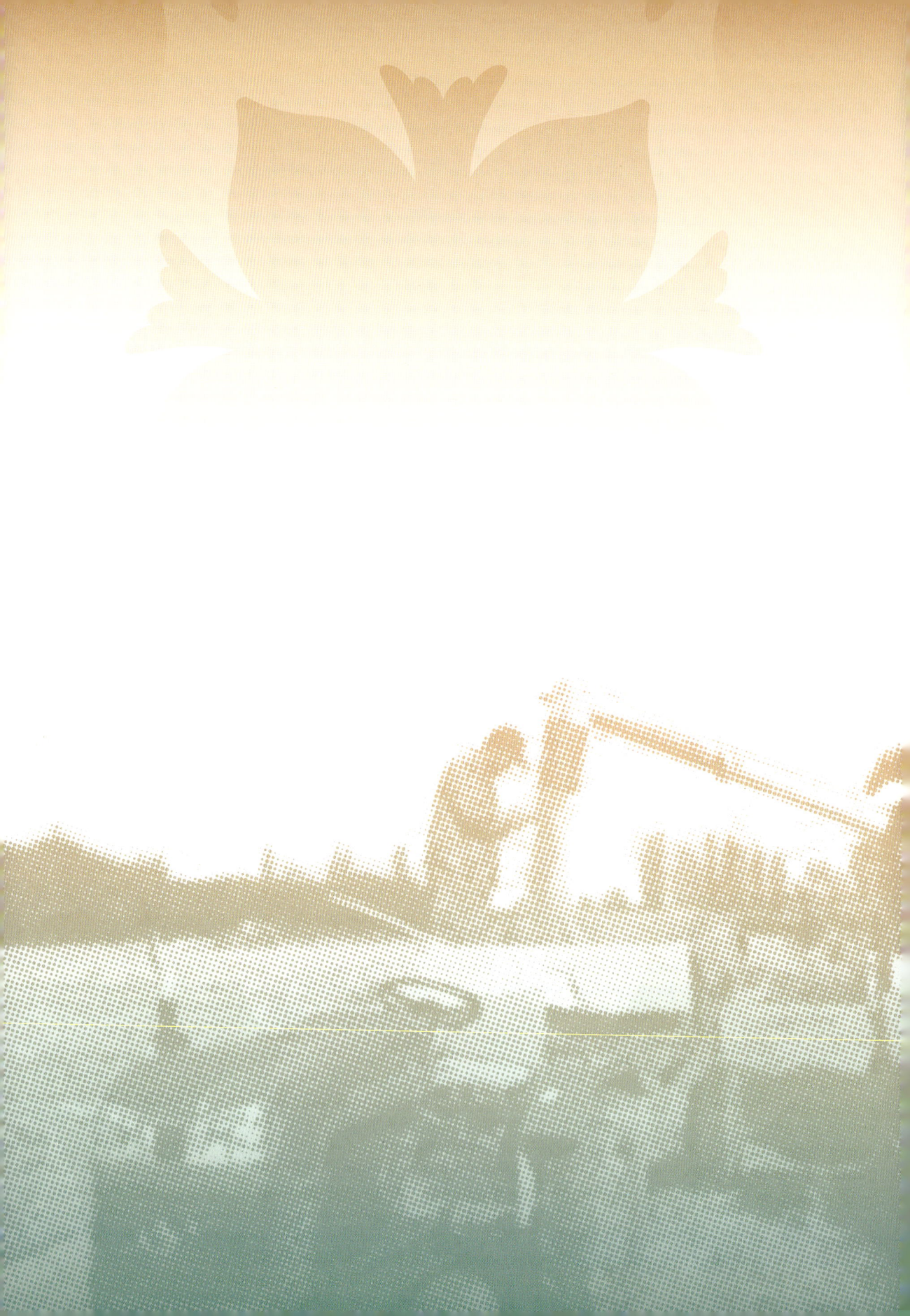

发展成就

综合实力稳提升
生态环境换新颜
改革开放快步伐
民生福祉节节高
民主法治绘新卷
贺兰山下『石榴红』

高效种植农业示范基地

综合实力稳提升

石嘴山市作为国家"一五"时期布局建设的十大煤炭工业基地之一和"三线建设"的重要布局点,是"宁夏工业的摇篮"。如今,石嘴山市已建有石嘴山高新技术产业开发区(国家级)、石嘴山经济技术开发区、宁夏平罗工业园区三个开发区。近年来,市委、市政府把产业转型升级和结构调整作为转型发展的主攻方向,大力发展"六新六特六优"重点产业,全面塑造发展新优势。

着力推动先进制造业提档升级。中色(宁夏)东方集团有限公司位列世界钽铌行业前三强,煤机综采设备国内

石嘴山市研究与试验发展经费投入强度位居全区前列

中色（宁夏）东方集团有限公司产品广泛应用于电子信息、化工新材料、航空航天等高科技领域

市场占有率达 30%，煤质活性炭、碳化硅、ADC 发泡剂、水合肼等产量在全国占有较大比重，石灰氮和双氰胺产量居全国首位。

着力推动现代服务业扩规提质。现代物流、生态工业文化旅游、电子商务、科技金融、健康养老等新产业新业态快速成长。

着力推动高效种养业提质发展。建成国家农业科技园区，建设河东现代农业示范基地，打响"珍硒石嘴山"区域公用品牌。

新产业新业态快速成长

生态环境换新颜

城市建成区绿化覆盖率达 **44.6%**

　　石嘴山市牢固树立和践行"绿水青山就是金山银山"的理念，坚决打好蓝天、碧水、净土保卫战，统筹推进山水林田湖草沙系统治理，以壮士断腕的决心推进贺兰山生态环境综合治理修复，累计治理修复面积达 146 平方千米。空气优良天数占比由 2015 年的 72.6% 提高到"十三五"末的 79.2%。集中式饮用水水源地水质达标率达 100%。第三、五排水沟入黄口水质达到Ⅳ类，沙

湖水质从劣Ⅴ类提升到Ⅲ类，黄河石嘴山段出境断面水质连续五年稳定保持在Ⅱ类水平。大武口区荣获"绿水青山就是金山银山"实践创新基地称号，惠农区获批国家重点采煤沉陷区综合治理试点，贺兰山环境综合整治获评国家真抓实干成效明显示范项目。石嘴山市荣获全国生态建设突出贡献奖，成功创建国家森林城市、国家园林城市。

人均公共绿地面积达
23.15 平方米

星海湖湿地修复现场，工人在绑制用于改善水质的生物飘带

2020年12月23日，宁夏—几内亚全国首列粉煤灰班列启运

改革开放快步伐

用水权、土地权、排污权、山林权、用能权、碳排放权
"六权改革"

  石嘴山市把全面深化推进用水权、土地权、排污权、山林权、用能权、碳排放权"六权改革"，作为加快产业转型的主攻点、破解发展难题的切入点、优化资源配置的着力点，探索了一批新方法、新路径。自治区土地权改革"第一宗"、全区排污权改革"第一锤"、工业地下水用水权改革"第一单"、山林权改革"第一票"都在石嘴山市落地。

  "放管服"改革深入推进，营商环境走在宁夏前列。农村改革探索了一批新经验新成果，平罗县获批全国首个集

石嘴山保税物流中心

成农村改革试点县。人工智能助推教师队伍建设、居家和社区养老服务,"城市医联体"和"县域医共体"等改革走在全国前列。

包银高速铁路石嘴山段开工建设,红崖子黄河大桥建成通车,惠农陆路口岸和石嘴山保税物流中心（B型）融合发展,石嘴山海关正式运行后,进出口贸易额年均增长14.9%,互联互通水平进一步提升,发展动力和活力进一步增强。

民生福祉节节高

城镇新增就业**10万**人

石嘴山市坚持以人民为中心的发展思想，在发展中保障和改善民生，鼓励共同奋斗创造美好生活，不断实现人民对美好生活的向往。

万达广场热闹非凡

脱贫攻坚取得全面胜利，农村建档立卡贫困人口全部脱贫退出，贫困村全部脱贫出列，劳务移民收入持续增加，扎实推进乡村全面振兴。始终将79%以上的财力用于保障和改善民生，每年坚持办好十件民生实事，解决了一批

城镇、农村居民人均可支配收入分别增长
5.5%、8.1%

大武口红柱子街夜市

居民健康素养水平
居全区首位

住房、教育、医疗等群众急难愁盼问题。

基础教育优质均衡发展，入学率、巩固率等各项指标居全区前列。石嘴山工贸职业技术学院挂牌成立，宁夏理工学院获批硕士学位授予单位，宁夏首所医药卫生专科学院——宁夏卫生健康职业技术学院建成。

健康石嘴山深入推进，居民健康素养水平居全区首位。公共文化服务体系不断完善，成功创建国家公共文化服务体系示范区。全市人民群众获得感、幸福感、安全感更为充实、更有保障、更可持续。

石嘴山市智慧健康养老服务信息平台实现养老服务信息化管理全覆盖

平安守护

民主法治绘新卷

　　充分发挥社会主义民主政治的制度优势，积极践行全过程人民民主。人大法律监督、工作监督更加有力有效，人民政协政治协商、民主监督、参政议政水平不断提升，爱国统一战线巩固发展，群团工作持续加强。全面依法治市稳步推进，全社会法治意识明显增强。平安石嘴山建设不断深化，扫黑除恶专项斗争成果显著，公共法律服务工作走在全国前列，实现民族团结进步创建示范市、县区全覆盖，食品药品安全、信访维稳、安全生产形势稳定向好。国防动员和后备力量建设不断加强，军政军民团结进一步巩固。

公共法律服务工作
走在全国前列

贺兰山下"石榴红"

石嘴山市坚持以铸牢中华民族共同体意识为主线,精心打造"贺兰山下石榴红"品牌,聚力推动新时代党的民族工作高质量发展,成功创建为全国民族团结进步示范市,民族团结成为石嘴山市的一张亮丽名片。

广泛开展铸牢中华民族共同体意识教育,全面深化民族团结进步创建工作,推动各民族共居共学共建共享共事共乐,促进各族群众广泛交往、全面交流、深度交融。

平罗县红瑞新村

坚持以发展促团结，以团结聚人心，推动各民族共同走向社会主义现代化，促进各民族共同进步、共同富裕。

坚持法律面前人人平等，依法保障各族群众合法权益，推动民族事务治理体系和治理能力现代化，持续巩固发展民族和睦、宗教和顺、社会和谐的良好局面，为全国民族团结进步事业创新发展提供了宝贵经验。

自治区级民族团结进步模范集体
87个、模范个人**222**人

国家级民族团结进步示范单位
14个、自治区级**122**个

民族团结进步示范单位授牌仪式

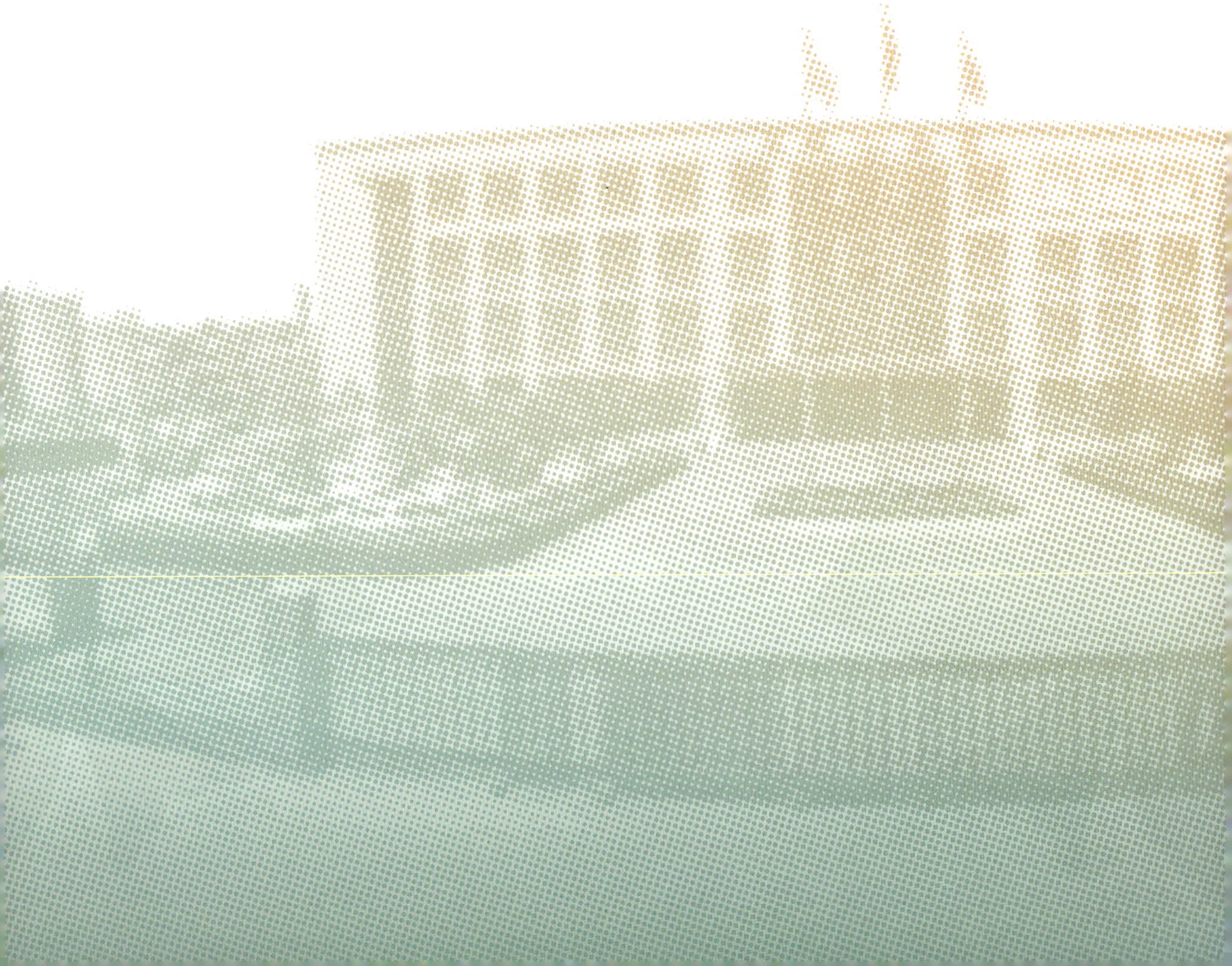

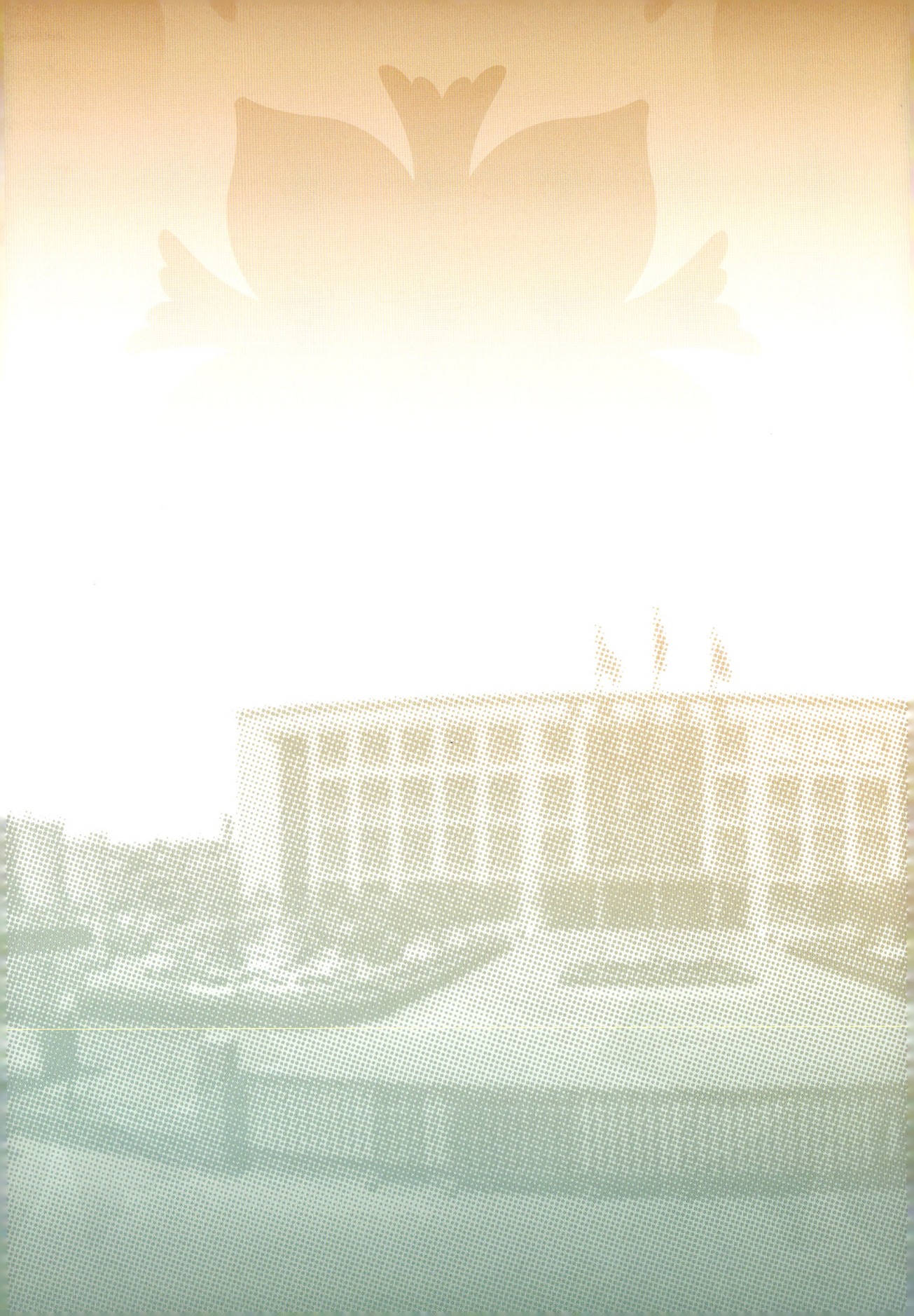

城市蓝图

加快建设产业转型示范市

加快建设产业转型示范市

石嘴山市坚持以习近平新时代中国特色社会主义思想为指导，全面贯彻党的二十大精神和习近平总书记视察宁夏重要讲话指示批示精神，按照"五位一体"总体布局和"四个全面"战略布局，立足新发展阶段，完整、准确、全面贯彻新发展理念，融入新发展格局，坚持以人民为中心，坚持稳中求进工作总基调，以推动高质量发展为主题，以深化供给侧结构性改革为主线，以改革创新为根本动力，以满足人

民日益增长的美好生活需要为根本目的，以建设黄河流域生态保护和高质量发展先行区为牵引，更加自觉统筹发展和安全，加快建设产业转型示范市，大力推进产业强市、生态立市、科教兴市、惠民富市，坚持大抓发展、抓大发展、抓高质量发展，持续增强内生动力，走出一条具有石嘴山市特色的安全发展、高质量发展新路子，奋力谱写全面建设社会主义现代化美丽石嘴山新篇章。

石嘴山俯瞰

宁夏大窑饮品有限责任公司生产线

聚焦产业强市，打造产业转型新示范

坚持改造提升传统动能和培育壮大新动能并举，大力发展以制造业为重点的实体经济，因地制宜发展"六新六特六优"产业，提升产业层次，优化产业结构，推进产业高端化、智能化、绿色化发展，努力构建低碳高效、安全可靠、优势突出的现代化产业体系。

发展战略性新兴产业和高技术制造业。 坚持培育和引进两手抓，大力实施战略性新兴产业和高技术制造业总量倍增计划，加快产业布局，实现快速发展，打造支柱产业，使石嘴山成为高质量发展的新引擎。

发展战略性新兴产业和高技术制造业

加快传统产业转型升级，发展优势特色产业。聚焦延链、补链、强链、壮链，加快推进传统产业结构、绿色、技术、智能"四大改造"，依托龙头企业培育发展上下游链属企业，加快产业重组、产品迭代、设备更新，增强企业核心竞争力，不断提升产业链供应链韧性和安全水平，全面塑造竞争新优势。

推动三次产业融合发展。围绕重点领域和关键环节，加快培育融合发展主体，提高产业间和产业内融合发展水平，激发三次产业的融合乘数效应。

加快传统产业转型升级、发展优势特色产业

推动三次产业融合发展

千米级大直径智能化反井钻机研制项目

做强工业，发挥工业"顶梁柱"和"压舱石"作用

做强工业，发挥工业"顶梁柱"和"压舱石"作用。 支持龙头企业做强做优，带动中小微企业融通发展。深入实施产业链提升行动，大力培育"链主"企业和"专精特新"企业，重点建设光伏、锂电池、装备制造、稀有金属材料、氟材料、电子材料及元器件、氰胺化工、氯碱化工"8条产业链"，推动集链成群、发生"聚"变，提高产业链供应链稳定性和竞争力。

宁夏恒力月桂二酸项目

制种基地

做优农业，大力实施乡村振兴战略。 深入学习借鉴浙江"千万工程"经验，实施特色农业提质计划，优化调整农业种养结构，推动农业产业全链条升级。做好"土特产"大文章，推动奶产业、肉牛肉羊、优质瓜菜、制种、菌草等特色产业提质增效，推进乡村生产生活生态全方位、系统性重塑。

做优农业，大力实施
乡村振兴战略

做大服务业，实施现代服务业扩容提速行动。抓好现代服务业集聚区建设，大力发展现代物流，推进网络货运平台建设，促进仓储、金融、贸易、多式联运等领域一体化发展。加快发展文化旅游、健康养老、会展博览等新经济，推动新产业新业态新模式蓬勃发展。

做大服务业，实施现代服务业扩容提速行动

2023年，在石嘴山市大武口区众安府佑水香东侧举办腾讯音乐节

宁夏冠能新材料科技有限公司 NMP、PBT/PBAT、PTMEG 等高分子材料、生物可降解材料及上游配套产业链项目施工现场

加大项目建设和招商引资力度。坚持大抓项目、抓大项目、抓高质量项目，加大项目建设攻坚力度，完善项目包抓、晒比促等推进机制，不断做大项目"蓄水池"，跑出项目建设"加速度"。推进以商招商、产业链招商，在筑巢引凤、腾笼换鸟、招大引强、培新育优上下足功夫，引进一批有利于高质量发展的大项目好项目，以项目建设大突破推动产业质效大提升。

加大项目建设和招商引资力度

提升园区承载力

提升园区承载力。深入谋划和推进开发区体制机制改革，推动三个开发区互补发展，增强园区发展活力，加快园区提档升级，提高绿色园区建设水平，促进产城融合发展。加快智慧园区平台建设，构建"石嘴山工业大脑"。规划建设一批依托龙头企业带动的专业园、特色园，打造一批集聚发展、特色鲜明的产业小高地。

宁夏英力特化工股份有限公司

聚焦生态立市，打造绿色发展新标杆

　　坚持把绿色低碳发展作为解决生态环境问题的治本之策，从环境质量入手抓产业促转型，协同推进降碳、减污、扩绿、增长，以高品质生态环境保障产业转型示范市高质量发展。

　　推动绿色低碳转型。 实施行业能效对标，推进重点行业和重要领域绿色化改造。深入推进可再生能源开发利用，稳

推动绿色低碳转型

加快构建清洁低碳安全高效的能源体系

妥有序推进煤炭减量替代,提高光电、风电、煤层气等能源的比重,加快构建清洁低碳安全高效的能源体系。落实碳达峰"十大行动",推广应用低碳零碳负碳绿色发展技术,坚决遏制"两高"项目盲目发展。

推动资源集约利用。 坚持"亩产论英雄"导向,健全规模以上企业及招商项目亩产效益综合评价机制,促进企

光伏产业

推动低碳经济发展

业主动转型升级。大力发展循环经济，持续开展"清废行动"，推动重点行业"三废""三余"循环利用，扎实推进全国"无废城市"建设。全方位落实"四水四定"，加强取用水计划管理、精准计量、动态监管，优化产业用水结构，深度推进节水控水，加大再生水利用力度，建成一批废水"零排放"企业和园区。

推动资源集约利用

星海湖生态环境整治项目

改善生态环境质量

改善生态环境质量。 深入抓好"一河一山两湖四沟"生态治理工程，协同推动"三北"防护林建设、荒漠化综合治理，加强治沙、治水、治山全要素协调和管理，实施贺兰山东麓荒漠系统治理、城乡生态环境巩固提升、生态系统碳汇能力建设等重大生态工程，深入推进蓝天、碧水、净土三大保卫战，增强生态系统稳定性，建设天蓝、地绿、水美的美丽石嘴山。

水天一色

聚焦科教兴市，打造创新融合新样板

着眼产业转型升级全局和夯实安全发展基础，抓创新、强支撑、促改革、增动力。

强化科技创新赋能。深入实施创新力量厚植、创新主体培育、创新协同联动、创新生态涵养"四大工程"，纵深推进高新技术企业和科技型中小企业数量"双倍增"计划，发挥科技型骨干企业引领支撑作用，构建产学研用协同创新生

强化科技创新赋能

加强关键核心技术攻坚和科技成果转化

态，推动创新平台高质量发展，加强关键核心技术攻坚和科技成果转化，深化科技体制改革，加大多元化科技投入，有效激发创新主体活力，塑造更多新动能新优势。

建设区域人才高地。打造"优学石嘴山"品牌，加快建设科教园区，推进职普融通、产教融合，深化校企合作，增

中色（宁夏）东方集团单晶硅切割线生产线

强人才自主培养能力。完善"1+7+N"人才政策体系，推进人才发展体制机制改革，抓好人才培养、引进、活力、暖心工程，营造识才爱才敬才用才的环境，加快培育创新型科技人才、领军型企业人才、技能型产业人才、战略型党政人才，增强引才汇智的"磁场效应"。

建设区域人才高地

石嘴山工贸职业技术学院

学生体验操控大疆机甲

加快发展数字经济

加快发展数字经济。 深入实施"上云用数赋智"行动，扩大人工智能、云计算、大数据、区块链、物联网等技术在工业、农业、服务业领域的应用，加快机器换人、企业上云、万物互联步伐，做强数字经济产业园、数字化转型促进中心等专业园区，加强5G基站、工业互联网、大数据基础平台等"数字基建"，在产业数字化、数字产业化上塑造新优势。

不断深化改革开放。抓紧抓实"六权"改革,提高要素配置效率,努力破解资源要素瓶颈问题。加大改革攻坚力度,推动各类改革试点成为示范,不断释放改革红利。优化营商环境,进一步提升审批效率、服务效能、政务水平,当好"金牌店小二",打造企业投资兴业的沃土。大力发展开放型经济,用好中阿博览会等开放平台,推动惠农陆路口岸和石嘴山保税物流中心(B型)高效运行,构建对内对外开放新机制,不断创新吸引外资、扩大开放的方式举措,深化国家外贸转型升级基地建设,增强经济发展活力。

不断深化改革开放

为小微企业发展提供优质服务

创造人民幸福新生活

聚焦惠民富市，创造人民幸福新生活

坚持以人民为中心的发展思想，在发展中保障和改善民生，推动人民富裕取得新进展，让人民群众的获得感、幸福感、安全感更加充实、更有保障、更可持续。

加快发展民生事业。深入推进"六大提升行动"，在幼有所育、学有所教、劳有所得、病有所医、老有所养、住有

所居、弱有所扶上持续用力，形成更多可感、可及的标志性成果，设身处地解决好群众的操心事、烦心事、揪心事，让全市人民放得下心、守得住家、过上更好的日子。

提高基层治理能力。坚持和发展新时代"枫桥经验""浦江经验"，构建立体化治安防控体系，争创全国法

加快发展民生事业

三馆一中心

举办"公安心向党 护航新征程"中国人民警察节活动

提高基层治理能力

治政府建设示范市，努力蝉联平安中国建设示范市。加快建设铸牢中华民族共同体意识示范市，做靓"贺兰山下石榴红"品牌，推动民族工作高质量发展，提高宗教事务管理法治化水平，巩固和发展民族和睦、宗教和顺、社会和谐的大好局面。

石嘴山市游泳馆

提升城市功能品质。 深入推进城市更新行动和智慧城市建设，统筹生产生活生态、地上地下等空间安排，全面推进城镇老旧小区改造和智能化市政设施建设改造，加快推进海绵城市建设，提高基础设施完备度、公共服务便利度、人居环境舒适度。实施好"五大攻坚行动"，巩固提升全国文

提升城市功能品质

2021年骑跑嘉年华·石嘴山自行车公开赛

建设"一城山水、百园千姿"的魅力城市

明城市、国家卫生城市等创建成果，加强城市工业遗产保护利用，建设"一城山水、百园千姿"的魅力城市，让石嘴山的人气旺起来、城市活起来、发展强起来。

加强基础设施建设。 加快包银高速铁路石嘴山段、乌玛高速公路石嘴山段、黄公铁路至惠农专用线、109国道黄渠桥至姚伏段改扩建等项目建设，提升交通运输保障水平。推动储能建设和"光伏+生态"能源基地建设，高质量推进电力主网架优化、城乡配电网改造和项目配套电源工程，提升区域能源综合保障能力。

加强基础设施建设

即将竣工的包银高铁石嘴山站

附 录

《中国国家人文地理·石嘴山》文字资料由石嘴山市委办公室、石嘴山市政府办公室、石嘴山市委宣传部、石嘴山市委统战部、石嘴山市委政法委、石嘴山市委政研室、石嘴山市发展和改革委员会、石嘴山市教育局、石嘴山市科学技术局、石嘴山市工业和信息化局、石嘴山市民政局、石嘴山市人力资源和社会保障局、石嘴山市自然资源局、石嘴山市生态环境局、石嘴山市住房和城乡建设局、石嘴山市交通运输局、石嘴山市水务局、石嘴山市农业农村局、石嘴山市商务局、石嘴山市文化体育旅游广电局、石嘴山市卫生健康委员会、石嘴山市统计局、石嘴山市医疗保障局、石嘴山市文联、石嘴山市新闻传媒中心、石嘴山市档案馆、石嘴山市气象局提供。

《中国国家人文地理·石嘴山》图片资料提供：刘宵华、赖盛龙、岳昌鸿、娄广臣、李志刚、娄星辰、强幼德、芦有碳、曹忠诚、吴军、李凡、陈小组、田文强、王发洲等。

正文第033、036、039、043、092、093页图片由FOTOE提供。
正文第035、040、121、128、166页图片由视觉中国提供。

责任编辑：赵　迪

复　　审：卜庆华　陈书香

审　　校：周秀芳

终　　审：陈　宇

整体设计：方　芳

设　　计：风尚境界　周怡君

地图编绘：封　宇　周怡君

信息图表：北印文化　周怡君　风尚境界